TARIF

DES

DROITS DE DOUANE

ET DE NAVIGATION.

B.ⁿ nᵒ 310

23107

CODES ET RECUEILS

RELATIFS A LA LÉGISLATION COMMERCIALE,

Qui se trouvent au Dépôt des Lois.

Projet de Code du Commerce, présenté par la Commission nommée par le Gouvernement. Édition originale, de l'imprimerie de la République, *in*-4.° 2 fr. 5o cent. — 3 fr. 5o cent.

Le même Projet, édition de Baudouin, *in*-8.° 1 fr. — 1 fr. 25 c.

Recueil des Lois et Arrêtés relatifs aux Tribunaux de Commerce, 2 fr.— 2 fr. 5o c.

Manuel alphabétique des Tribunaux de Commerce, par Grenier, *in*-8.°, 2 fr. — 2 fr. 5o c.

* Traité de la Contrainte par Corps, considérée sous son rapport avec les Lois du 15 germinal et du 4 floréal an VI, par Fournel, nouvelle édition, 3 fr. — 4 fr.

Tarif complet des Droits de Douanes et de Navigation, jusqu'à ce jour, distribué dans un ordre clair et méthodique nouvelle édition *in*-4.°, 1 fr. 5o c.— 1 fr. 8o c.

* Recueil des Lois sur les Prises, depuis 1789, *in*-4.° 3 fr.—4 fr.

Code des Prises et des Armemens en course, par Guichard, 2 vol. *in*-12, 6 fr.—8 fr.

Code des Prises, édition de l'imprimerie de la République, 3 vol. *in*-4.°, 48 fr. — Le même *in*-8.° 36 fr.

Décisions du Conseil des Prises, édition originale.— On s'abonne par livraison de 25 feuilles, ou 200 pages *in*-4.°, 5 fr. franc de port.

De l'Influence du Gouvernement sur la prospérité du commerce, par Vital Roux, négociant, un volume *in*-8.°, 4 fr.—5 fr. 5o c.

Du commerce maritime; de son influence sur la richesse et la force des États, et réflexions sur l'armement en course, sa législation et ses avantages, par Xavier Audoin, 2 vol. *in*-8.°, 6 fr.— 7 fr. 5o centimes.

Code du Commerce de terre et de mer, ou Conférence sur les Lois tant anciennes que modernes publiées sur le Commerce, avec des modèles des billets et effets de commerce. Nouvelle édition par Poncelin, 2 volumes *in*-18, 3 fr. — 4 fr.

Nota. Le deuxième Prix après le tiret, est celui de l'Ouvrage franc de port.

TARIF

DES DROITS DE DOUANE ET DE NAVIGATION,

Non compris la subvention d'un décime par franc ; avec un Etat des prohibitions
à l'entrée et à la sortie.

NOTIONS PRÉLIMINAIRES.

L'ASSEMBLÉE CONSTITUANTE ordonna, par une loi des 30 et 31 octobre — 5 novembre 1790, la suppression des bureaux intérieurs des traites et des tarifs existans, et leur remplacement par un seul tarif uniforme. Ce tarif fut décrété dans les seances du 31 janvier, 1er février, 1er. et 2 mars 1791, et sanctionné le 15 mars de la même année.

Il s'exécute encore, pour les droits d'entrée, avec quelques changemens et modifications apportés par des lois subséquentes, et dont le tarif ci-après fait mention. Les augmentations portent sur l'eau-de-vie, l'eau-forte, l'esprit de soufre, le tabac en feuilles et les bois de teinture moulus. Les diminutions ont pour objet le sucre, le café, le cacao, le thé, le charbon de terre, le poisson, l'huile de vitriol, la couperose verte, les toiles blanches de coton, celles de chanvre, les siamoises, les rubans de fil et laine du duché de Berg.

Il n'en est pas de même des prohibitions, le tarif en conservait peu : le décret du 1er. mars 1793, et les lois et arrêtés des 10, 12 et 26 brumaire, 19 frimaire et 19 pluviose an 5, 9 pluviose an 6, 13 thermidor et 3 fructidor an 9, relatifs aux marchandises Anglaises, en ont établi un grand nombre.

A la sortie, le tarif n'avait imposé que les bestiaux, les métiers, et quelques autres matières premières ; et il avait restreint les prohibitions aux bois et charbons, au tan, aux soies, à certaines espèces de peaux et de poils, au groisil et aux matières propres à la fabrication de la colle et du papier. Un décret du 15 août 1793, confirmé par celui du 11 septembre suivant, multiplia ces prohibitions.

Le comité de salut public, par un arrêté du 10 frimaire an 2, défendit toute exportation, sans sa permission.

Un décret du 21 ventose suivant, permit la sortie des productions surabondantes ; mais un arrêté du 3 germinal exigeait le rapport de la contre-valeur en objets de première.

Le décret du 13 nivose an 3, rendu au rapport de Johannot, ayant chargé le comité de commerce de présenter l'état des marchandises dont la sortie resterait prohibée le comité proposa la loi du 12 pluviose, qui en détermina les productions dont l'exportation continuerait d'être défendue, et permit, sans condition, la sortie des autres.

La loi du 19 thermidor an 4, ayant pour objet d'encourager l'industrie agricole et manufacturière, et d'ouvrir enfin le débouché de nos productions territoriales, détermina les marchandises qui pouvaient être exportées, et le montant des droits, et restreignit les prohibitions à la sortie de la République, aux objets déterminés dans un état par ordre alphabétique.

Les lois du 24 nivose an 5 et du 9 floréal an 7, levèrent beaucoup de prohibitions : le tarif qui suit est dirigé d'après toutes ces lois, et d'après des décisions ministérielles, et l'on peut en garantir l'exactitude.

MARCHANDISES ABSOLUMENT PROHIBÉES A L'ENTRÉE

La lettre (A) indique les marchandises anglaises prohibées par la loi du 10 brumaire an 5; celles sans indications ont été établies par le tarif du 15 mars 1791.

ARGENT et or faux-filé sur soie.

Basin. (A) — Bonneterie de coton ou de laine, unie mélangée. (A) — Bonneterie de toute autre espèce. *Décret du 1er. mars 1793.* — Boutons de toute espèce. (A)

Cartes à jouer. *Loi du 9 vendémiaire an 6.*

Chapeaux anglais : (ce sont ceux en paille, reconnus à avoir cette origine) (A) — Chevaux (A) — Confections de toute sorte. — Corail en poudre. — Coton filé. (A) (*Le coton pour mèches est admis en payant dix pour cent de la valeur. Décision du 27 nivose an 5.* — Coutellerie. (A) — Crystaux. (A) — Cuirs tannés, corroyés ou apprêtés, ouvrés ou non-ouvrés. (A)

Draps de laine, de coton et de poil, ou mélangés de ces matières. (A)

Eau-de-vie autre que de vin. — Etoffes avec or ou argent faux. — Etoffes de laine, de coton et de poil, ou mélangées de ces matières. (A)

Fayence ou poterie, connue sous la dénomination de terre de pipe ou grès d'Angleterre. (A) (Sous cette dénomination, on ne peut entendre ni la fayance venant des pays neutres, ni les pipes.)

Gazes anglaises. (A)

Harnais, et tous autres objets de sellerie. (A) — Horlogerie. (A)

Laines filées. (A)

Médicamens composées. — Mesures. (Voyez Poids.) — Monnaies de métal. *Décret du 3 septembre 1792.* — Mousselinettes. (A)

Nankinettes. (A)

Ouvrages de peaux, consistant en gants, culottes et gilets. (A) — Ouvrages en fer, acier, étain, cuivre, airain, fonte, tôle. (*L'aticle premier de la loi du 19 pluviose an 5, excepte de la prohibition les objets compris dans la classe de la mercerie commune, les armes de guerre, les instrumens aratoires et les outils pour les arts et métiers, de quelque matière qu'ils soient composés.*

L'article 11 excepte également les ouvrages de quincaillerie et de mercerie des manufactures du duché de Berg.

Pour les objets de prises qui peuvent être admis, quoique compris dans l'état des prohibitions, voyez le Traité des prises, à la suite du tarif.)

Ouvrages en fer-blanc et autres métaux, polis ou non polis, purs ou mélangés. (A)

Peaux pour gants, culottes ou gilets. (A) — Plaqué de toute sorte. (A) — Piqués de toute sorte. (A) — Poids de marc, et tous autres ustensiles destinés à peser ou mesurer suivant l'ancien usage. *Loi du 18 germinal an 3.* (*Les poids de fonte, dont les anneaux sont brisés, ne sont pas compris dans la prohition. Décision du 26 prairial an 7.*) — Poil filé, autre que de chèvre et en écheveaux. (A) — Poudre à tirer. *Loi du 13 fructidor an 5.*

Quincaillerie fine. (A)

Rapontic, ou fausse rhubarbe. — Rubans anglais. (A)

Salpètre. *Loi du 13 fructidor an 5.*

(*Il y a été dérogé en faveur des fabricans qui emploient ce sel comme matière première, à la charge d'entrer par l'un des ports de l'Orient, du Havre, Dunkerque, Anvers ou Marseille, et d'expédier ces salpêtres, par acquit-à-caution, du port d'arrivée au lieu de la destination, et de rapporter, dans le mois, le certificat de décharge de l'autorité du lieu où sont situés les ateliers. Arrêté des Consuls du 27 pluviose an 8.*)

Schalls anglais. (A) — Sel de nitre, de quinquina et de rhubarbe. — Sel marin. — Sel de salines.

(*La pierre ou crasse de sel n'est point comprise dans cette prohibition. Décision du 7 vendémiaire an 5.*)

Tabac fabriqué, même celui en cigare. *Décision du 22 frimaire an 7.* — Tabléterie. (A) Tapis dits anglais. (A)

Velours de coton. (A) — Verrerie, autre que les verres servant à la lunéterie et à l'horlogerie. (A) — Voitures montées ou non montées. (A)

MARCHANDISES qui ne peuvent être admises sans certificat d'origine.

(*Les certificats doivent contenir la déclaration assermentée des envoyeurs, faite, tant devant les magistrats du pays, que devant les consuls françois, que les objets y énoncés ne proviennent point des fabriques ni du commerce des puissances en guerre avec la République. Loi du 19 pluviose an 5 ; et qu'ils ont été fabriqués dans les lieux où les certificats ont été délivrés. Décret du 1 mars 1793. art 4.*

Les toiles de coton blanches de l'Inde, destinées à l'impression, n'y sont point sujettes. Même loi de pluviose.

Il en est ainsi des mousselines et des nankins de l'Inde. Loi du 9 floréal an 7.

Les autres tissus de l'Inde doivent être accompagnés de certificats, délivrés par les compagnies hollandaise ou danoise, visés par les consuls de France, constatant que ces objets proviennent du commerce de ces compagnies. Loi du 10 brumaire, article 13, paragraphe 2.)

Alun. -- Bijouterie. -- Bimbloterie. -- Caparaçons. -- Caractères d'imprimerie. -- Cardes à carder. -- Cartons. -- Chandelles. -- Chapeaux. -- Cire ouvrée. -- Corail ouvré. -- Cordages et corderie. -- Couperose. -- Couvertures. -- Dentelles. -- Draps et étoffes de soie. Email ouvré. -- Epingles. -- Fayance. -- Fleurs artificielles. -- Forces à tondre les draps. -- Gazes de soie. -- Huile de vitriol. -- Instrumens d'astronomie, chirurgie, de musique et autres. -- Liége ouvré. -- Linge. -- Mercerie. -- Mousselines autres que de l'Inde. -- Nankins, autres que de l'Inde. -- Ouvrages d'orfévrerie. -- Ouvrages de verrerie, servant à la lunéterie et à l'horlogerie. -- Papier. -- Parapluies et parasols. -- Passementerie. -- Peignes. -- Pelleteries ouvrées. -- Porcelaines. -- Poterie. -- Quincaillerie. -- Rubans. -- Sucres rafinés. -- Tabatières. -- Tapis. -- Tapisseries. -- Toiles, même celles de coton blanches (autres que de l'Inde, et destinées à l'impression), et tous autres tissus.

Nota. On ne peut exiger ces certificats pour les marchandises de prise, l'article 4 de la loi du 10 brumaire ordonnant seulement la réexportation de celles comprises dans l'article 5 ; et on ne peut admettre, même avec certificat, les marchandises de même nature que celles énoncées audit article.

MARCHANDISES dont l'entrée est restreinte à certains bureaux.

On ne peut admettre par des bureaux de terre, non placés sur les grandes routes, plus de dix livres pesant de drogueries, épiceries et tabac en feuilles. C'est une suite de l'article premier du titre 4 de la loi du 22 août 1791, modifié par l'article 4 du décret du 12 pluviose an 3.

Ni plus de cinquante livres de toiles de lin et de chanvre, blanche ou écrue, de basins de fil, bougrans et treillis : suite de l'article 2 du titre 4, également amendé par le décret de pluviose.

L'admission par terre des soies et filoselles, telle modique qu'en soit la quantité, ne peut avoir lieu que par les bureaux situés sur les grandes routes : article 3 du même titre 4, également modifiée par la loi du 12 pluviose.

Idem pour les siamoises : art. 4 du tit. 4.

Idem pour les batistes, linons et toiles de coton blanches : art. 5.

Les mousselines, même de l'Inde, ne peuvent entrer par mer, que par les ports de Bordeaux, Nantes, Lorient et le Havre ; par terre, que par les bureaux de Bourg-Libre, Verrieres-de-Joux et Versoix. *Loi du 9 floréal an 7, titre 1, art. 2.*

Les toiles peintes, teintes ou imprimées ne peuvent entrer que par ces trois derniers bureaux. *Même article.*

Les marchandises ci-dessus que l'on tenterait d'introduire par d'autres bureaux, seront confisquées, avec amende de 100 francs. *Article 8 du titre 4 de la loi du 22 août 1791.*

EXEMPTION DE DROITS à l'entrée, conservée par la loi du 24 nivose an 5.

Bestiaux, consistant en agneaux, béliers, bœufs, boucs, bouvillons, brebis, cabris, chevreaux, chèvres, cochons, genisses, moutons, taureaux, vaches.

Grains, sous la dénomination desquels le riz est compris, et non la farine.

Habillemens des voyageurs, ayant servi, qui n'excédent pas le nombre de six. *Décision du 27 nivose an 8.*

MARCHANDISES exemptes de droits, qui, d'après la loi du 24 nivose an 5, paient, au choix du redevable, 15 centimes par 100 fr. de valeur, ou 25 centimes par quintal.

On indique le titre des affranchissemens postérieurs au tarif. (A) signifie la loi du 1er. août 1792, (.) le décret du 19 mai 1793.

A

Albâtre. -- Amurca ou marc d'olive. -- Anatrum. -- Arbres en plants. -- Argent et or en masse, en ingots, en e pèces et en bijoux cassés. -- Argenterie étrangère vieille, quoique non cassée, et argenterie neuve au poinçon de la France. (A) -- Argile ou terre glaise. -- Arme de guerre. (A) -- Aulne. (*Ecorce d'*) -- Autruche en poil, ploc et duvet. -- Avelanède ou Valanède.

B

Bateaux, barques, canots et autres bâtimens de mer hors d'état de servir. -- Battin non ouvré. -- Beurre frais, salé et fondu. (B) -- Biscuit de mer. -- Bois à bâtir et à brûler. -- Bois de construction navale et civile, bois en planches (Voyez pour l'exception, *Bois scié.*) et madriers. (A) -- Bois de gayac en bûches, *id.* -- Bois merrain. -- Bois de marqueterie et tableterie. -- Bois à tan. -- Bois de teinture en bûches ou éclisses. -- Boules de terre. -- Bourdaine. -- Bourre et ploc de toute sorte. -- Brou ou écorce de noix.

C

Caillou à fayance ou porcelaine. -- Calamine ou cadmine. -- Caractères vieux d'imprimerie en sac ou bloc. -- Carreaux de pierre de toute espèce. -- Cartons gris ou pâte de papier. -- Castine. -- Cendres à l'usage des manufactures, comme cendres communes, cendres d'orfévre et cendres de chaux. -- Chairs salées de toute sorte. (B) -- Chanvre, même apprêté ou en filasse. -- Charbon de bois et de chenevotte. -- Charbon de terre importé par les départemens de la Meurthe et de la Moselle. -- Chardons à drapiers et bonnetiers. -- Chevaux, *décret du 16 avril 1793.* -- Cheveux. (A) -- Ciment. -- Coco. (*Coques de*) -- Coquillages d'histoire naturelle. -- Coquillages de mer. (A) -- Cordages usés. -- Coris. -- Cornes de moutons, béliers et autres communes, ce qui comprend les cornes rapées ou clapons. -- Cotons en rame, en laine ou en graine. -- Cuivre rouge brut, fondu en gâteau ou plaque, lingot, rosette et mitraille rouge de toute espèce. -- Cuivre jaune en mitraille. -- Cuivre en planches pour le doublage des navires, et en flaons pour les monnaies. (B)

D

Derle ou terre de porcelaine. Dibidivi.

E

Eaux minérales, sans préjudice du droit sur les bouteilles. -- Echantillons de gants et de bas de soie, présentés comme tels par des négocians, dès qu'ils sont dépareillés, et qu'ils n'excèdent pas le nombre de trois. (A) —Ecorce à faire du tan. —Ecorce de grenadier. —Ecorce de tilleul pour cordages. —Effets à l'usage des voyageurs, *Décision du 4 fructidor an 5.* — Engrais de toute sorte pour les terres. — Eponges servant à la fabrication de l'amadou. —Etoupes de chanvre et de lin.

F

Farines de toute sortes, excepté celle d'avoine. *Décision du 7 frimaire an 8.* — Fer en gueuse. — Ferraille et vieux fer. —Feuilles de houx, de myrthe, de noyer, et autres propres à la teinture et aux tanneries.—Feuilles de lierre.—Fil de mulquinerie et fil de linon.—Foin et herbes de pâturages.—Fromages de Suisse importés par Pontarlier et Versoix, accompagnés des certificats prescrits par l'édit de décembre 1781. *Lettre au directeur de Genève, 22 vendémiaire an 7.* — fruits cruds non dénommés au tarif.—Fumier—Fustel. (*feuilles et branches de*) —Futailles vides ou en bottes.

G

Galles légères (A) galons vieux pour brûler.—Garance verte.—Garouille.—Gaude.—Gazettes et journaux, (A) — Genestrole. — Gibier de toute sorte.—Gommes de cerisier, abricotier, pêcher, prunier, olivier, et autres communes pour la chapellerie. —Graines d'esparcette et autres propres à semer dans les prairies, de genièvre, de jardin. (*Sous cette dénomination on doit comprendre toute semence de légumes et de fleurs.*) *Lettre au directeur de Genève, du 27 brumaire an 8.* — Graine de myrthe, d'Avignon.—Graine jaune. — Graine de vers à soie. — Graisses

de toute sorte. —.Gravelle. —Grenadier. (*écorce de*) — Groisil.

H

Héliotrope. — Herbages frais. — Herbes propres à teinture, non dénommées au tarif — herbe de maroquin.—Herbe jaune.—Herbe de pâturage.— Histoire naturelle.—Houblon.

J

Jais brut. — Jus de citron et de limon.

L

Laines non filées. — Laines en bourre — Laiton en lingots ou mitraille. (A) — Lard frais. — Légumes verds.—Librairie en langue étrangère ou savante.(A) Lichen.—Lie de vin.—Lierre, (*feuille de*) — Limaille de cuivre.—Lin crud, tayé ou apprêté.—Linge vieux ou drilles.--Linge de corps, comme caleçons et chemises, dans une quantité relative au nombre des habits dont l'entrée est permise. *Décision du ministre, du 2 fructidor an 5.*

M

Machefer. -- Malherbe. -- Manganèse. -- Marc d'olive ou amurca. -- Mâts pour vaisseaux. --Médailles d'or, d'argent, même de cuivre, si elles ne doivent pas servir de monnaie. -- Mines de fer. --Momies. -- Mottes à brûler. -- Moulard ou terre cimolée. -- Munitions de guerre de toute sorte. (B)

N

Nerprun. -- nerfs de bœufs et autres animaux.

O

Œufs de volaille et de gibier. -- Oignons de fleurs -- Or brûlé. -- Oreillons.--Orseille apprêtée ou non. --Os de bœufs et autres animaux. -- Osier en bottes.

P

Paille. -- Pain de navette, lin et colza. -- Parchemin neuf et brut, et en rognures. -- Pastel ou guelde. -- Pastel d'écarlate. -- Pavés. -- Peaux et cuirs secs en poil et en verd. -- Peaux et poils en masse et non filés de castor et de loutre, de lièvre et de lapin. -- Pennes ou paines de laine et de fil. --Percale apprêtée ou non apprêtée. -- Périgord ou Périgueux. -- Pierres à bâtir. -- Pierre de choin, même taillée sans être polie. -- Perles fausses ou fines non montées. -- Pierres fausses ou fines, même montées. -- Pierres à plâtre. --Pierre savonneuse. -- Plâtre. --Poil, ploc ou duvet d'autruche. -- Poil de chèvre et de chevreau non filé. -- Poil de chien filé. -- Poisson d'eau douce frais.--Potasse.--Pozzolane.--Pressure.

R

Racine de thimelée. -- Redon. -- Redoul. (*feuilles*

de) — Rogues ou resures de morue. — Rosnas. — Roseaux ordinaires et à l'usage des toileries. (A). — Ruches à miel.

S

Safran bâtard ou safranum. — Son. — Soude. — Soufre brut ou vif. — Soie en cocons et bourre de toute sorte. — Spalt. — Stuc. — Suif. — Sumac. — Suie de cheminée.

T

Tableaux sans bordure. — Talc, même de Moscovie, ou mica. — Tan. — Terre d'ombre, de lemnos, rouge, rubrique. — Terre moulard, à pipe et sigillée. — Tourbe. — Tournesol en pain, pierre ou morelle en drapeaux. — Toutenague ou zing.

V

Vendanges, comme fruits cruds. *Lettre du 25 fructidor an 6.* — Verre cassé. — Verre de Moscovie. — Volaille.

MARCHANDISES SUJÈTES AUX DROITS D'ENTRÉES.

Quotité de ces droits, et titre de leur perception, lorsqu'il est postérieur au tarif du 15 Mars 1791.

Nota. *Le droit est dû au quintal, s'il n'est point énoncé que c'est à la valeur, au nombre ou à la livre au brut, si le mot net n'est point exprimé.*

Lorsque le droit n'est pas celui du tarif, le titre de sa perception est indiqué.

La lettre (A) *signifie la loi du premier Août 1792 ; la lettre* (B), *celle du 19 mai 1793 ; la lettre* (C), *celle du 9 floréal an 7.*

La lettre (P) *indique une marchandise dont l'entrée est prohibée ; le droit énoncé est celui qui s'acquittait avant la prohibition.*

A

	liv.	s.
Abel mosc. (Voyez Ambrette)		
Absynthe, herbe, le cent pesant		5
Açacia, drogue	6	
Acaja, ou prunes de Montbain	1	1
Acajou. (*noix d'*)	1	10
Acier non ouvré et acier fondu	1	10
Acier en feuille ou en planche, (A) pour cent de la valeur	10	
Acier ouvert. (Voyez Ouvrages)		
Acorus vrai ou faux	1	10
Aes-ustum, ou cuivre brûlé	1	10
Agaric, autre que celui ci-après	4	
Agaric entrochique	7	10
Agnus castus. (*graine d'*)	2	
Agrès ou apparaux de navires, pour cent de la valeur	10	
Aigle. (*pierre d'*)	1	
Aigre, esprit ou huile de vitriol, ou acide vitriolique. (A)	10	
Aiguilles. (Voyez Mercerie)		
Aiguillettes. (Voyez Passementerie)		
Ail		3
Aimant. (*pierre d'*)	1	
Airain. (Voyez Bronze)		
Alana. (Voyez Craie)		
Alisari. (Voyez Garance sèche)		
Alkecange, baies et feuilles	1	
Alkerme ou écarlate		10
Allière. (*graine d'*)		10
Allumettes		12

	liv.	s.
Aloès	4	
Alpagates ou souliers de corde, les douze paires	1	10
Alpiste ou millet		10
Alquifoux		10
Alun, excepté celui ci après		5
Alun blûlé ou calciné	15	
Amadou	3	
Amandes en coques	1	
Amandes cassées	2	
Ambre gris et liquide, la livre net	15	
Ambre jaune	9	
Ambre jaune travaillé, à mercerie.		
Ambrette ou abelmosc	2	10
Amianthe		5
Amidon	5	
Ammomum, ou racemosum, ou verum	7	10
Ammoniac. (*sel d'*)	5	
Amiuy	2	
Anacardes	3	
Anchois. (C)	4	10
Ancres de fer	1	10
Anes ou ânesses, la pièce		5
Angélique. (*graine, racine et côtes d'*)	4	
Angélique. (*fausse*) (Voyez Appios).		
Anis verd. (*graine ou semence d'*)	3	
Anis étoilé, ou badiane, ou anis de la Chine	5	
Antale ou antalium, coquillage	1	10
Antimoine cru	1	10
Antimoine préparé	4	

Marchandise	liv.	s.
Antolphe de girofle	15	
Antore ou ancora	1	
Appics ou fausse angélique	2	10
Apocin. (*graine d'*)		5
Arcanson ou brai sec		5
Arco ou p.t..n gris	4	10
Ardoises ordinaires pour couverture de maison, le millier en nombre	3	
Ardoises en table, le cent en nombre	2	10
Aréca ou aréque	2	10
Argent faux ou cuivre argenté, et argent faux en lames, en feuilles, trait ou battu	50	
Argent faux, filé sur fil ou filé faux	80	
Argent fin en trait, en lames, en feuilles, battu et filé, le marc net	6	
Argenterie de toute sorte (excepté celle vieille étrangère, et celle neuve au poinçon de France, revenant de l'étranger, qui sont exemptes) le marc net	6	
Argent-vif ou mercure	3	
Argentine. (*graine*)		10
Aristoloches	1	10
Arsenic		10
Asclépias ou contrayerva blanc	4	
Aspalatum. (Voyez Bois d'aloës)		
Asphaltum ou bitume de Judée	5	
Aspini ou épines anglières	1	
Assa fetida ou stercus diaboli	3	
Avelines ou noisettes	1	10
Aventurines, pour cent de la valeur	5	
Avirons de bateaux, le cent en nombre	1	
Aulnée ou enula campana. (*racine d'*)		5
Avoine. (*gruau ou farine d'*)	1	10
Autour	10	
Azarum		10
Azur de roche fin ou lapis lazuli, au net	60	
Azur en pierre ou smalt		5
Azur en poudre ou émail	3	

B

Marchandise	liv.	s.
Badille. (Voyez Vanille)		
Baies de laurier		15
Balais de bouleau, et autres communs, pour cent de la valeur	5	
Balaustes, fines et communes	2	10
Baleine coupée et apprêtée	30	
Baleine en fanons	15	
Balles de paume	6	
Bambous, pour cent de la valeur	12	
Bandes de roues comme fer en verges. (A)		
Bandoulières ou baudriers. (P)	20	
Bangue	3	
Barbotine ou semen contra	5	
Barbues et barbançons, comme poterie de terre. (A)		
Bardanne. (*racine de*)	5	
Bas. (Voyez Bonneterie)		
Basin piqué. (Voyez Draps de coton)		

Marchandise	liv.	s.
Basin uni, comme basin piqué. (A)		
Barèges. (Voyez Linons)		
Bâts, selles grossières, la pièce		10
Bateaux du Rhin, neufs, pour cent de leur valeur	10	
Bâtimens de mer en état de servir, (B) deux et demi pour cent de la valeur		
Battefeux, à mercerie.		
Baudriers. (Voyez Bandoulières)		
Baume, la livre net. (A)		
du Pérou, noir, liquide sec.		
de Tolu et de la Mecque	1	5
du Canada		10
de Copahu		5
Bedelium	6	
Ben. (*noix de*)	6	
Benjoin de toute sorte	10	
Bezoard ou pierre de fiel, au net	60	
Bétel. (*feuilles de*)	10	
Beurre de nitre et de salpêtre	3	
Beurre de pierre. (Voyez Kamine mâle)		
Beurre de Saturne	2	10
Bierre, les deux hectolitres 74 livres équivalant au muid de Paris de 144 pots, formant 288 pintes	10	
Bijouterie de toute sorte, pour cent de la valeur	12	
Bimbleterie, (*ouvrage de*) comme mercerie. (A)		
Bismuth ou étain de glace	1	
Bisnague ou visnague. (*taille de*)	6	
Bistorte		15
Bistre		15
Bitume de Judée. (Voyez Asphaltum)		
Bitumes, autres que ceux dénommés au présent tarif	1	
Blanc à l'usage des femmes	24	
Blanc de plomb en écaille	6	
Blanc de baleine	15	
Bleu de Prusse	30	
Bois de buis	1	
Bois d'éclisses, pour tamis, seaux, cribles, etc., pour cent de la valeur	5	
Bois feuillards, pour cercles ou lattes, etc. le mille en nombre		5
Bois de miroirs non enrichis, à mercerie.		
Bois ouvrés de toute sorte, pour cent de la valeur	15	
Bois sciés, importés par les départemens de la Lys, de l'Escaut et des Deux-Nèthes. *Loi du 19 thermidor an 4*, pour cent de la valeur	10	
Bois d'aloës ou aspalatum de baume, ou xile balsamum	20	
Bois néphrétique, au net	25	
Bois tamaris	7	10
Bois de crable ou de girofle	15	
Bois de Rhodès à l'usage des parfumeurs.	5	
Bois de sental citrin, au même usage	10	

Marchandise	liv.	s.
Bois de teinture moulus, (C) par myria-grame.	1	
Boîtes de bois b'anc.	7	10
Boîtes ferrées, boîtes de sapin peintes. à mercerie.		
Boîtes ou tabatières de carton, de papier.	96	
de cuir. (P)	90	
Bol d'Arménie	2	
Bonneterie. (P)		
de laine ou étames	100	
de coton	140	
de fil, laine, fil et coton, poil et autres matières mêlées; de poil de lièvre, de lapin et de chèvre	90	
de filoselle ou fleuret, ou de soie, mêlée d'autres matières, la livre net.	4	10
de soie, la livre aussi net	6	
de castor, la livre	1	15
de vigogne, la livre	1	10
Borax brut ou gras	3	
Borax purifié et raffiné	12	10
Bottes, bottines. (Voyez Cordonnier)		
Bouchons de liège, ou liège ouvré	12	
Boucles de cuivre, comme mercerie fine. (A). (P).		
Bougettes, à mercerie.		
Bougies de spermacéti, ou blanc de baleine.	30	
Bougran. (Voyez Toile gommée)		
Boules de mail	4	
Boulets, bombes, etc. à munitions de guerre. (P)		
Bourgeons de sapin		15
Bourses de cuir, de fil et de laine, à mercerie.		
Boutargue	3	
Bouteilles de grès, comme poterie de terre. (A)		
Bouteilles de verre, (P) mais pleines, pour le verre, le cent en nombre	4	
Boutons. (P)		
de fil d'argent, la livre net	7	
de fil d'or fin, trait ou clinquant, la livre net	9	
de laine	72	
de soie, la livre net	3	
de crin, de fil, de soie mêlée de crin, de poil, de fil, de laine et autres matières	100	
d'étoffe, de drap et autres faits au métier	20	
de nacre de perle	40	
Boutons de coco, à mercerie. (A)		
Boutons de manches, d'étain et autres métaux communs, à mercerie.		
Boutons de métal. (Voyez l'article des prohibitions)		
Brai gras. (Voyez Goudron)		
Brai sec. (Voyez Arcançon)		
Brides et bridons, comme harnais. (A)		
Briques, tuiles, le millier en nombre		15
Briquets limés, à mercerie.		
Bronze ou airain, et tout métal non ouvré, allié de cuivre, d'étain ou de zing	6	
Bronze ouvré en statues, vases, urnes et autres ornemens de bronze. (P)	30	
Brosserie, à mercerie.		
Bruyères à faire vergettes	3	
Brun rouge ou rouge brun	5	

C

Marchandise	liv.	s.
Cacao et épluchures de cacao. *Loi du 3 frimaire an 5*	10	
Cadrans d'horloge et de montre, à mercerie.		
Cachon (*suc de*)	12	
Café, par myriamètre. (C)	2	10
Calamine blanche. (Voyez Pompholix)		
Calamus verus, aromaticus ou amarus	2	5
Calcantum, ou vitriol rubifié colchota	2	5
Calebasse de terre, plante		10
Calebasse, courge vidée et sèche	3	
Caméléon. (Voyez Carline)		
Camomille. (*fleurs de*)	3	
Camphre brut et rafiné	6	
Canelle blanche. (Voyez Costus doux)		
Canelle de Ceylan, la livre	1	10
Canelle commune, la livre		15
Canefice	7	
Cannes ou joncs non montés	25	
Canons de fusil et autres, à munitions de guerre.		
Cantarides. (*mouches*)	15	
Caparaçons, pour cent de la valeur. (A)	15	
Capillaires	3	
Câpres de toute sorte	6	
Câprier. (*racine de*)	3	
Carabé. (Voyez Ambre jaune)		
Caractères d'imprimerie en langue française.	40	
Caractères en langues étrangères	20	
Cardamomum, au net	30	
Cardes à carder	4	10
Carline ou caroline; ou caméléon	2	
Carmin fin, la livre	14	
Carmin commun	8	
Carpobalsamum	9	
Carreaux de terre, le mille en nombre		15
Carrobe ou carrouge		5
Cartami. (*graine de*)	1	10
Cartes géographiques, pour cent de la valeur.		5
Cartons de toute espèce. (*Les cartons en feuilles, soumis à ce droit, sont ceux propres à l'apprêt des draps*)	24	
Carvi ou carvi semen	3	
Casse	7	

	liv.	s.
Casse confite....................	15	
Cassia lignea....................	8	
Castoreum, au net....................	45	
Catapuce ou palma christi....................	3	
Cendres bleues et vertes, à l'usage des peintres, au net....................	40	
Cendres de bronze....................	3	
Cerf. (*os de cœur de*)....................	10	
Cerf. (*moële, nerf, vessie de*)....................	3	
Cerf. (*esprit, sel, huile de*)....................	3	
Cerf. (*corne rapée de*)....................	2	
Céruse en pain....................	4	
Céterac, espèce de capillaire....................		10
Cevadille. (*graines de*)....................	2	
Chaînes de fer (*grosses*) comme ouvrages de serrurerie tarifés à fer ouvré. (A)		
Chaînes de montre, d'acier. (Voyez. Ouvrages, etc.)		
Champignons secs....................	15	
Chandelles de suif....................	3	
Chapeaux de castor et demi-castor, la pièce.	6	
de toute espèce, en poil commun, ou laine, la pièce....................	3	
de paille, la douzaine....................	4	
de cuir, (P) la douzaine....................	15	
d'écorce de bois et de crin, la douzaine..	2	10
Chapelets de bois et de rocaille, à mercerie.		
Chapeaux marc de rose....................		5
Chapes de boucles de fer ou d'acier (P)..	20	
Charbon de terre (B). — Importé par l'Océan, de Bordeaux inclusivement, jusqu'aux Sables d'Olonne inclusivement, et de Redon, jusques y compris Saint-Valery-sur-Somme et Abbeville, le tonneau d'environ 22 quintaux....	3	
Par les autres ports de la République, le tonneau....................	5	

Ces droits doivent être perçus par tonneau, lorsque la totalité du chargement est en charbon, et d'après la pesée réelle, à raison de 2,200 liv. pour un tonneau, si le navire est chargé de marchandises sujètes à différens droits (A).

	liv.	s.
Importé par terre, le baril de 240 liv.	2	
Chaux à brûler, le muid de 48 pieds cubes.		10
Chicorée moulue. (Voyez. Racines.)		
Chiens de chasse, la pièce.		10
Chiques. (Voyez. Ouvrages en marbre.)		
Chocolat et Cacao broyé et en pâte, au net.	50	
Chouan ou Couan....................	25	
Chou-croûte....................	2	
Cidre, 2 hectolitres 74 litres, correspondant au muid de Paris, de 144 pots...	6	
Cinabre naturel et artificiel....................	10	
Cire blanche, non-ouvrée....................	30	
ouvrée....................	40	
Cire jaune, non-ouvrée....................	3	
ouvrée....................	24	
Cire à cacheter....................	48.	

	liv.	s.
Cire à gommer, à l'usage des tapissiers...	6	
pour souliers....................	30	
Ciseaux. (Voyez Coutellerie.)		
Citouard. (Voyez Zédoaire.)		
Civette, la livre au net....................	60	
Cloches, clochettes, mortiers de fonte et de métal (P)....................	18	
Cloportes....................	15	
Clous, autres que ceux de cuivre tarifés à cuivre (P)....................	8	
Clous de girofle (Voyez Girofle.)		
Cobalt ou Cobolt....................	1	
Cochenille, même en grabeau....................	2	
Coco. (*Noix de*)....................	6	
Coffres non garnis, à mercerie.		
Colle, excepté celle ci-après....................	6	
Colle de poisson....................	20	
Colliers de perles et de pierres fausses, à mercerie.		
Colophone ou Colophane....................		5
Coloquinte....................	3	
Compas, à mercerie.		
Confections de toute sorte, prohibées.		
Confitures de toute sorte....................	15	
Contrayerva....................		5
Contrayerva blanc. (Voyez Asclepias.)		
Coquelicot. (Voyez Pavot rouge)		
Coque du levant....................	4	
Coquilles de nacre, non travaillées......	9	
Corail non-ouvré, en fragmens........	10	
ouvré, pour cent de la valeur......	15	
Corail de jardin. (Voyez Poivre.)		
en poudre. (Voyez aux prohibitions.)		
Coraline, ou mousse marine....................	2	
Cordages de jonc et de tilleul....................	1	
Corderie. (*Ouvrage de*)....................	4	
Cordes à violon, comme mercerie fine (A).		
Cordonnets de fil, comme rubans de fil (A).		
Cordonnerie. (*Ouvrage de*) (B) (P)...	35	
Cordons de laine et de fil de chèvre mêlés. (Voyez Rubans.)		
Coriandre. (*Graine de*)....................		15
Cornes de bœufs ou de vaches, le mille en n.		5
Cornes de cerf et de snak....................	1	5
de cerf rapées. (Voyez Cerf).		
rondes ou plates, à faire peignes....	1	10
brûlées et ébauchées, pour manches de couteaux, comme celles rondes (A).		
de licornes, la livre....................	3	
claires à lanternes, à mercerie.		
Cornets à jouer, de corne ou de cuir, à mercerie.		
Cornichons confits....................	4	
Costus indicus et amarus, au net........	60	
Costus doux ou canelle blanche........	4	
Côtes d'angélique. (Voyez Angélique).		
Coton filé, teint ou non teint, (P) la liv.	2	
du Levant. (Voyez le tarif du Levant).		

Coton

	liv.	s

Coton en mêche de lampes. *Décision du 27 nivôse an 5.*
    Comme omis, pour cent........ 10

Couleurs à peindre, de toute sorte, en sacs, en vases, en boîtes et en tablettes. 7

Couperose blanche ou bleue........ 7 . 10
    verte. (A). 2 . 10

Courge vuidée et séchée. (Voyez Calebasse.)

Coutellerie. (*Ouvrage de*) (P)........ 20

Coutils de toute sorte. 40

Couvertures de soie, de filoselle et fleuret. 100
    de coton ou laine. 50
    de ploc et autres basses matières.... 24

Crasse de cire. 1 . 10

Crasse ou pierre de sel. *Décision du 7 vendémiaire an 5*, pour cent. 3

Craie. 10

Crayons en pastel, et autres de toute sorte. 5

Crayons noirs. 10

Crême ou crystal de tartre. 4 . 10

Crêpes de soie de toute sorte, la pièce de dix aunes. 9

Creuset d'orfèvre et ceux propres aux monnaies, comme poterie de terre. (A)

Crin frisé ou uni. 2

Crystal de roche non-ouvré. 15
    ouvré, (P) pour cent de la valeur. 15

Crystal de tartre. (Voyez Crême.)

Cruches de grès, comme poterie de terre. (A)

Cubèbe ou poivre à queue. 2

Cuir bouilli. (P). 8

Cuirs et peaux. (Voyez Peaux.)

Cuirs dorés et argentés, pour tapisseries. (P) 37 . 10

Cuirs ouvrés, autres que les ouvrages de cordonnerie. (P). 40

Cuivre jaune. (Voyez Laiton.)

Cuivre rouge laminé, en planches et fonds plats, de toute dimension, (autres que pour doublage de navire,). 12
    rouge battu en fonds de chaudières relevés, baquets, casseroles, barreaux carrés ou ronds, anses, poignées et clous de toute espèce en cuivre. (P). 18
    rouge, ouvrage ; savoir : alambics avec leurs chapiteaux et serpentins, bassinoires, baguettes de gainée, bouilloirs, cafetières, lingots, vernis pour les Indes, pompes, robinets. (P).
    en chandeliers, flambeaux, mouchettes, tire-bouchons et autres ouvrages de même espèce, à mercerie.

Cuivre ciselé, vernis et plaqué, comme vases et urnes de toutes espèce, théières étamées ou vernisées, garnitures de pendules, flambeaux et ornemens dépen-

---

dans du ciseleur-doreur, et toute espèce de quincaillerie, avec cuivre rouge, jaune ou plaqué. (P). 24

Cumin. 1

Circuma. (Voyez Terra merita.)

Cucutes. (Voyez Epithimes.)

Cyperus. (Voyez Souchet.)

D.

Dattes. 2

Daucus. (*Graine de*) ou Semendency. 5

Dégras de peaux. 5

Dentelles de fil et de soie, la livre net. 15
    d'or fin, le marc net. 30
    d'argent fin, le marc net. 20
    d'or et d'argent faux, la livre net. 12

Dentelle grossière de fil qui se fabrique aux environs de Nimègue. *Décision du 2 brumaire an 7*, comme omise au tarif, pour cent de la valeur. 12

Dents d'éléphans ou morphil. 5

Dents de loups. (Voyez Loup.)

Dez à coudre, autre que d'or et d'argent, et dez à jouer, à mercerie.

Diagrède. (Voyez Scamonée.)

Dictame ou radix dictami, en feuilles. 2

Dinanderie. (Voyez Laiton ou Cuivre jaune ouvré.)

Dominoterie, à mercerie.

Dragées de toute sorte. 15

Draperie ou étoffes de laine. (P) Savoir :

Draps fins, façon de Sedan, de Louviers, d'Elbeuf et autres dénominations, sur quatre tiers, cinq quarts, trois huitièmes et sept huitièmes d'aunes de large. -- Draps dits à long poil ou à poil ras, avec ou sans lustre. -- Draps de vigogne, poil de chameau, castor et autres matières. -- Draps fins rayés et unis, façon de Silésie, ou de royale, et autres dénominations, sur cinq huitièmes, deux tiers et demi aune de large. -- Draps dits, rayés et unis, à poil. -- Ratines en quatre tiers et cinq quarts d'aune de large, façon d'Hollande. -- D'Andely, de Vienne et autres dénominations, -- Casimir. -- Ras de castors, croisés et unis. -- Flanelles croisées et unies. -- Espagnolettes, façon de Rouen, et autres dénominations, croisées et unies, en blanc ou en couleur. -- Camelot, poil, laine et soie. -- Serges de satin ou satin turc, prunelle et turcoise. -- Tricots en pièces ou en gilets, le cent pesant. 300

Etamines ou barats, imitant les voiles de Reims et autres étoffes, sous quelque dénomination que ce puisse être, fa-

	liv.	s.
briquées avec de la laine fine, le cent pesant.	300	
Draps communs, forts, sur une aune de large, croisés et unis. -- Draps dits demi-aune. -- Draps dits à poil, rayés ou unis. -- Molletons, façon de sommiers, et autre dénomination -- Ratines communes. -- Croisés communs, de largeur d'une aune, d'une demi-aune et d'un quart d'aune. -- Kalmoucks ordinaires. -- Camelots en laine, unis et rayés. -- Sagatis et autres genres d'étoffes fabriquées avec de la laine commune, le cent pesant.	150	
Draps et étoffes de coton, basin piqué et velours de coton. (P)	150	
Drilles. (Voyez Linge vieux, aux objets exempts.)		
Droguet de fil et laine. (Voyez Etoffe.)		
Duvet d'autruche. (Voyez Autruche, aux exemptions.)		
Duvet de cigne, d'oie et de canard.	15	

E.

	liv.	s.
Eau de cerise. (Voyez Kirschwaser.		
Eau-de-vie, autre que de vin. (P)		
Eau-de-vie simple, (C) 15 cent. le litre. double et rectifiée, au-dessus de 22 degrés, jusques et compris 32, (C) 30 cent. le litre. (au-dessus de 32 degrés, c'est de l'esprit-de-vin.)		
Eau-de-vie d'Andaye, comme liqueur. (A)		
Eau forte. (A)	10	
Eaux médecinales, et de senteur, au net.	30	
Eau de fleur d'orange, même droit. (A) ·		
Ecaille d'ablette.	1	
Ecailles de tortue de toute sorte.	10	
Ecarlatte. (*Graine d'*).		10
Ecorces de citrons, d'oranges et bergamottes.	4	
de câprier.	3	
de coutilawan.	6	
de gayac.		15
de mendragore, ou faux gens eng.	9	
d'orme pyramidal, deux et demi pour cent de la valeur.		
de simarouba.	7	10
de tamaris.	3	
de noix. (Voyez Brou.)		
de grenadier. (Voyez Grenadier.)		
Ecritoires simples, à mercerie.		
Ecume de verre. (Voyez Anatrum, aux exemptions.)		
Ederdon ou Edredon, la livre.	1	
Ellébore noir ou bl. (*Racine d'*).	2	
Email brut.	6	
ouvré.	45	
Email en poudre ou cendre d'azur. (Voyez Azur en poudre).		
Emeril en poudre et en grains.		10
Emporte-pièces. (Voyez Quincaillerie fine.)		
Encens commun ou galipot.		5
fin ou oliban.	5	
Encre à écrire.	12	
de la Chine.	40	
à imprimer et en taille douce.	6	
Enula campana. (Voyez Aulnée.)		
Epées d'acier. (Voyez Ouvrages.)		
Eperons communs, à mercerie.		
Epines anglières. (Voyez Aspini.)		
Epingles blanches.	30	
Epithimes ou cuscutes.	2	
Epiceries non dénommées, pour cent de la valeur.	10	
Eplochure de cacao. (Voyez Cacao.)		
Eponges fines.	25	
communes (et sont réputées telles celles dont la valeur du quintal n'excède pas 150 livres). (A).	3	
Escajolles.		5
Espagnolette. (Voyez Draperie.)		
Esprit ou essence de bergamottes et de citrons, la livre.		15
de girofle, la livre.	2	
de nitre et de soufre. (A)	10	
Esprit de sel	15	
Esprit ou essence de térébenthine.	3	
Esprit-de-vin, (C) 45 cent. le litre.		
Esprit de cerf. (Voyez Cerf.)		
Esprit de vitriol. (Voyez Aigre.)		
Esquine. (Voyez Squine.)		
Essaie.		10
Essence ou quintessence d'anis au net.	100	
Essence de canelle, la livre net.	72	
de romarin et autres.	40	
semblables, au net.	24	
de rose ou rhodium, la livre net.		
de bergamotte, girofle et térébenthine. (Voyez Esprit.)		
Estampes de toute sorte, pour cent de la valeur.	15	
Esule, racine médecinale.		10
Etain non-ouvré.	2	
en cuillers et fourchettes, et autres menus ouvrages, à mercerie.		
en feuilles ou battu.	25	
Etain ouvré, autre que ceux ci-dessus désignés. (P)	25	
mis ou servi, propre à la refonte.	2	
Etain de glace. (Voyez Bismuth.)		
Etamine. (Voyez Draperie.)		
Eaux (*Décision du 22 nivose an 7*) comme cuivis au vif, pour cent de la valeur.	10	
Etoffes de soie, unies, la livre net.	7	10
brochées sans or ni argent, la liv. net.	9	

liv. s.

Étoffes avec or et argent fin, la livre net. . 15
    de soie mêlées d'autres matières, sans
      or ni argent, la livre net. 6
    mélées avec or et argent fin, la liv. net. 8
    de filoselle ou fleuret, la liv. net. . . 3
    avec or et argent fin, la liv. net. . . . 4 10
Étoffes de poil de chèvre, (P) la livre. . 7
    de soie et coton, (P) la liv. net. . . 4
    mêlée de soie, de fil, de coton et de
      laine, (P) la livre. 3
Idem avec or et argent fin (P), la liv. net. 6
    mélées de laine grossière et de fil. (A)
    — (P) pour cent de la valeur. . . 10
Étoffes de coton (aux prohibitions).
    de fil et coton, comme étoffes de
      coton. (A)
Étoffes *dites* casimir (aux prohibitions).
Étoffes avec or et argent faux, prohibées.
    de laine. (Voyez Draperie.)
Étriers, comme mercerie commune. (A)
Étrilles, comme grosse quincaillerie de
  fer. (A)
Éventails communs. (Voyez Mercerie.)
    fins, c'est-à-dire d'une valeur excé-
      dant 30 sous pièce, comme mer-
      cerie fine. (A)
Euphorbe. 3
Euphraise. 2

F.

Fabago. (*Racine de*). . , ... 1 10
Faïence et poterie de grès. (*Ouvrage de*). 12
    celle connue sous la dénomination de
      terre de pipe ou grès d'Angleterre.
      (P)
Faisse ou lie d'huile. 4 10
Faux, faucilles, à quincaillerie.
Fenouil. (*Graine ou semence de*). 3
Fenugrec. 5
Fers en verges, feuillards, carillons, ron-
    dins et autres, qui ont subi une pre-
    mière main - d'œuvre. 1 10
    en barres. 1
    ouvrés, de toute sorte, comme fers
      en taillanderie, ressorts de voitures,
      serrures et autres ouvrages de ser-
      rurerie. (P) 18
    en fonte, en plaques de cheminées,
      et autres ouvrages. (P) 4 10
Fer-blanc. 6
    noir. 3
    en tôle. 3
Fer-blanc ouvré. (P) 15
Fer noir et fer en tôle, ouvrés. (P) . . . 15
Ferret d'Espagne. 5
Fèves de Saint-Ignace. 7
Feuilles d'éventails communs, à mercerie.
Figues. (Voyez Fruits.)

liv. s.

Fil de fer ou acier. 6
Fil de cuivre de six lignes de diamètre, et
    au-dessous. 20
Fil de chanvre et de lin simple, et fil
    d'étoupes. 5
      retors. 30
      teint. 60
      à voiles. 3
Fil de ploc, ou poil de cheval. 2
Filoselle. (Voyez Soie.)
Flambeaux dépendant du ciseleur-doreur.
    (Voyez Cuivre ciselé.)
Fléaux de balance. (Voyez Quincaillerie.)
Fleurets. (Voyez Soie.)
Fleurs de violettes, de pêcher et de ro-
    marin. 3 10
Fleur de soufre. 3
Fleurs artificielles de toute sorte. 60
Flin. 10
Folium gariofilatum, ou feuilles de girofle. 10
Folium indicum ou indum. 2 10
Fonte verte. (Voyez Polosum.)
Forces à tondre les draps. 5
Fouets, à mercerie.
Fourchettes d'étain, à mercerie.
    de fer, comme mercerie commune. (A)
Fournimens à poudre, à mercerie.
Fourreaux (*Faux*) de pistolets, en cuir. (A)
    (P), pour cent de la valeur. 15
    sans cuir, (A) pour cent de la valeur. 15
Fourreaux d'épées, à mercerie.
Fourrure. (Voyez Pelleterie ouvrée.)
Franges. (Voyez Passementerie.)
Fromage. 2 5
Fruits. Savoir :
    Bigarades, cedras, citrons, limons,
    oranges, chadecs. 2 10
      Châtaignes, marrons; noix. 10
      Olives et picholines. 4
      Jujubes, gengeoles, prunes et pru-
        neaux, figues, raisins, jubispasse,
        picardats et autres non dénommés
        dans le tarif. 1
Fruits à l'eau-de-vie. 24
Fruits artificiels en terre fine cuite, comme
    omis au tarif. (*Lettre du 22 messidor
    an 8*), pour cent de la valeur. 10
Fuseaux, à mercerie.

G.

Gaines, à mercerie.
Galbanum. 4
Galle. (Voyez Noix de galle.)
Galipot. (Voyez Encens.)
Gallium blanc et jaune. 10
Galons et ganses de soie. (Voyez Passe-
    menterie.)

	liv.	s.

Gants et autres ouvrages de ganterie en peau et cuir (P), la livre.......... **2** **15**

    les mêmes garnis, doublés en soie, (P) la livre.......... **3** **15**

    les mêmes doublés de laine, (P) la livre.......... **2**

Gants de soie. (Voyez Bonneterie de soie, aux prohibitions.)

Garance sèche en racine, ou alisari...... **1**

Garance moulue.......... **5**

Garou. (Voyez Racine de thimelée, aux exemptions.)

Gazes :

    de soie, la livre net.......... **15**

    de soie et de fil.......... **8**

    d'or et d'argent, ou mêlées d'or et d'argent.......... **30**

Gallengal, mineur et majeur.......... **2**

Gens-eng, au net.......... **45**

Gentianne.......... **15**

Gibecière, à mercerie.

Gingembre.......... **3**

Girofle. (*Bois de*) (Voyez Bois de crable.)

Girofle, (*Clous de*) la livre.......... **15**

Glaces et miroirs au-dessus de 12 pouces, pour cent de la valeur.......... **15**

Glaces de 12 pouces et au-dessous....... **15**

Glayeul ou Iris du pays.......... **5**

Gla.......... **3** **10**

Gommes et Résines.

1°. A l'usage des teintures, fabriques et manufactures.

Gommes de Bassora, arabique, thurique, du Sénégal, etc.......... **1**

    copal, lacque, en feuilles, en grains et sur bois, mastic et sandarac pour les vernis.......... **6**

2°. A l'usage de la médecine et des parfumeurs.

Gomme d'acajou, de cyprès, animée, de lière, hèdre et sarcolle.......... **5**

    de cèdre et oppoponax.......... **10**

Gomme ou résine elastique.......... **2**

    ammoniac.......... **3**

    élemi de toute sorte.......... **9**

Gomme gayac.......... **2** **10**

Gutte ou de cambogium.......... **20**

    Sagapenum séraphinum, ou séraphique-taccamaca.......... **6**

Gorges de fouines, martres, renards. (Voyez Pelleterie.)

Goudron, gaudron ou goutran, le baril de 240 à 300 livres.......... **15**

Gourre ou tamarin confit avec le sucre... **15**

Grabeau ou pousse, résidu des drogues, lorsqu'on en sépare le meilleur, comme les drogues dont il est le résidu.

Graine de colza, lin, navette, rabette, et autres propres à faire huile.......... **7**

Graine de chicorée. (Voyez Racine.)

Graine thurique.......... **15**

Graine d'angélique, anis, cartami, cevadille, coriandre, daucus et d'écarlate. Voyez Angélique, etc.)

Grains de verre, à mercerie.

Grelots, à mercerie.

Gremil ou herbe aux perles. (*Graines ou semences de*).......... **15**

Grenades. (Voyez Munitions de guerre.)

Groison.......... **1** **5**

Gruau. (Voyez Avoine.) (*Celui du blé noir et tout autre ne doit que le droit de balance.* Lettre à l'inspecteur du Havre, du 29 frimaire an VIII.)

Guelde. (Voyez Pastel, aux exemptions.)

Guimauve. (*Fleur et racine de*).......... **1** **5**

Guimauve. (*Suc de*).......... **6**

Guinées bleues. (Voyez Toiles teintes.)

Guy de chêne.......... **9**

Gyp, espèce de gros talc.......... **1** **10**

H.

Habillemens neufs, à l'usage des hommes et des femmes, et ornemens d'église, pour cent de la valeur.......... **15**

    S'ils étaient en laine, coton et poil, prohibés comme les étoffes.

Habillemens vieux.......... **24**

Hameçons, à mercerie.

Bardeau. (Voyez Viorne.)

Harnais de chevaux, pour cent de la valeur. **15**

    ceux en cuir sont prohibés.

Havre-sac en cuir, comme cuir ouvré, autre que cordonnerie (A.)

Hématite. (*Pierre*).......... **10**

Herbes médecinales non dénommées dans le présent tarif.......... **1** **10**

Herbes de pâturage, à foin, aux exempt.

Hermodate.......... **2**

Hiacinthe.......... **8**

Hipocistis.......... **3**

Horlogerie (*Ouvrages d'*), consistant en montres, pendules. (P) (*Décret du 7 messidor an 3,*) pour cent de la valeur. **10**

Horlogerie, (*Fournitures d'*) consistant en pivots, ressorts, spiraux et autres pièces du dedans des montres, lesquelles réunies ne peuvent former des mouvemens complets. (*Même décret.*) Pour cent de la valeur.......... **10**

Horloges de bois n'étant pas prohibées par la loi du 10 brumaire. *Idem*, pour cent de la valeur.......... **10**

liv. s.

Horloges à sable, à mercerie.
Houpes à cheveux, de duvet, à mercerie.
Housse de chevaux, garnies ou non, pour cent de la valeur................ 15
Howes, bisquains ou housses de chevaux en peaux d'agneaux, de brebis et moutons, passées en mégie avec la laine. (Voyez Peaux de moutons.)

Huile à l'usage de la médecine et des parfumeurs

Huile d'ambre, au quintal net........ 50
  d'anis ou de fenouil, au quintal net.. 100
  de cacao ou beurre de cacao, au quintal net................ 22 10
  de canelle, girofle et macis, au quintal net................ 200
  d'ambre jaune, carabé ou succin, citrons, oranges, jasmin, roses et autres fleurs, et de gayac, au quintal net................ 25
  de muscade, au quintal net....... 150
Huile d'asphaltum, marjolaine, sauge et souffre................ 18
  d'aspic et de gland............ 7 10
  de cade, de cédria, et d'oxicèdre... 2
  de genièvre ou sandarac, de lavande et de sassafras.............. 15
  de laurier................ 10
  d'olliette et de pavot blanc...... 4
  de palme................ 5
  de palma-christi et de pignons..... 9
  de pétrole................ 6
  de tartre................ 11
Huile de cerf. (Voyez Cerf.)

Huiles comestibles ou pour les fabriques.

Huile d'olive de la côte d'Italie........ 7 10
  de Napes, Sicile, Levant, Barbarie, Espagne, Portugal, et autres pays que de la côte d'Italie........ 4 10
  de cheval, de graines et de noix... 4 10
  d'olive de la côte d'Italie, importée directement par bâtimens italiens ou français, déclarée pour les fabriques, et que l'on reconnaîtra ne pouvoir être employée qu'à cet usage................ 4 10

Nota. *Les préposés peuvent user du droit de retenue, en payant, dans la huitaine de la vérification, le prix de l'huile ainsi déclarée, sur l'évaluation faite à Marseille, dans le mois précédent, des huiles communes (A.)*

Huile de poison, (C) 1 franc 25 centimes par myriagramme.
Huile de vitriol. (Voyez Aigre.)
Huîtres fraîches, le millier en nature.... 5
  marinées, le quintal............ 6

liv. s. d.

I.

Impératoire................ 1 10
Indigo................ 15
Instrumens aratoires, comme quincaillerie (A.)
Instrumens de musique, la pièce.
  fifres, flageolets, galoubets..... 12 6
  flûtes et poches............ 15
  cistres, mandolines, psaltérions, tambours, tambourins et tympanons................ 1 10
  alto, violes, bassons, cors-de-chasse, guitares, serinettes, serpens, trompettes, violons..... 3
  clarinettes et haubois........ 4
  vielles simples............ 5
  basses et contrebasses........ 7 10
  épinettes, orgues portatives et vielles organisées........ 18
  forté-piano et harpes........ 36
  clavecins................ 48
  orgues d'églises et instrumens non dénommés, pour cent de la val. 12
Instrumens d'astronomie, chirurgie, mathématique, navigation, optique et physique, pour cent de la valeur.... 10
Ipécacuanha................ 15
Iris de Florence............ 3

J.

Julap................ 4
Jarretières. (Voyez Passementerie.)
Jays ou Jeyet, autre que brut...... 10
Jetons de nacre, d'os et d'ivoire, à mercerie.
Joncs non-monté. (Voyez Cannes.)
Joaillerie, comme or en ouvrages d'orfévrerie ou argent ouvré, suivant la matière dont elle est composée.
Joujoux d'enfans. (Voyez Bimbloterie.)
Journaux et gazettes, (aux exemptions.)
Jubis-passe et jujubes. (Voyez Fruits.)
Juncus odoratus............ 9
Jus de réglisse............ 3

K.

Kalmouks, à draps communs.
Kamine mâle, ou beurre de pierre..... 3
Kerme. (Voyez Alkerme.)
Kirchwasser, la pinte............ 5

L.

Labdanum naturel et non-apprêté..... 6
  liquide et purifié, au net. 22 10
Lacets de fil, (A) comme rubans de fil. (*Les autres font partie de la passe-*

liv. s.

merceric et listonneric, et doivent acquitter comme tels. Circulaire du 22 messidor an VIII.

Laines filées de Saxe, importées par le département de la Moselle. (A) (P).   10

Laines filées, importées par les autres départemens. (P)   36

Laines non filées, teintes. (A)   36

Laiton ou cuivre jaune en mitraille, comme cuivre brut, aux exemptions (A.)

Laiton ou cuivre jaune battu et laminé en planches, de toute dimension, gratté, noir et décapé   15

Laiton ou cuivre jaune ouvré, comme chaudières, poëlons, bassines et toute espèce de dinanderies. (P)   20

Laitons de toute espèce, en instrumens de quincaillerie et mercerie. (P)   24

Laiton filé ou fil de laiton noir   1

Laiton filé en jaune. (Voyez Fil de cuivre.)

Langues, noos ou noves et tripes de morues, comme poisson salé ou mariné. (C)   10

Lanternes communes, à mercerie.

Lapis entalis   2

Laque plate de Venise et laque colombine sèche   2   10

Laque liquide   5

Lavande sèche. (*Fleurs de*)   3

Légumes secs de toute sorte   5

Librairie en langue française   6

    en langue étrangère (aux exempt.)

Liége en table   1

    ouvré. (Voyez Bouchons de liége.)

Lignes de pêcheurs, à mercerie.

Limaille d'acier et d'aiguilles   1   10

    de fer   1

Limes. (Voyez Quincaillerie.)

Lin. (Voyez *Graine de*)

Linge en pièces, damassé ou autrement ouvré, composé de chanvre et de lin seulement. (*Loi du 3 frimaire an 5.*) . .   30

Linge de coton ou de fil et coton, et linge ouvré en napes, serviettes et chemises   75

Linge de lit et de table, à l'usage des voyageurs. (*Décision du 2 fructidor an 5,*) comme unis au tarif, pour cent de la valeur   10

Linon et batiste, la livre   6

Liqueurs et ratafias de toute sorte, la pinte .   10

Listonnerie. (Voyez Passementerie.)

Litharge naturelle et artificielle   1

Livres avec gravures ou estampes; comme estampes, lorsqu'elles constituent essentiellement le prix d'un livre dont le ne sert qu'à les expliquer, et comme livres, si les estampes et cartes géographiques ne sont qu'un accessoire d'un prix modique (A.)

Livres reliés, comme librairie (A.)

Loup. (*Dents de*)   15

M.

Macis, la livre   1

Madriers. (Voyez Bois aux exemptions.)

Magnésie, comme sel volatil. (A)

Malles comme coffres à mercerie.

Manchons. (Voyez Pelleterie ouvrée.)

Manicordium, fil d'acier dont on fait des cordes de clavecin, à mercerie.

Manne   6

Marbre, le pied cube, brut   1

    en cheminée, scié ou travaillé   2

Marc de rose. (Voyez Chapeaux.)

Marcassitte d'or, d'argent, de cuivre . . .   8

Marcassittes (*Ouvrages à*) (Voyez ouvrages, etc.)

Marly de soie, la livre net   15

Maroquin ouvré. (Voyez Ouvrages de maroquin)

Marqueterie, (*Ouvrages de*) pour cent de la valeur   15

Marouin. (*Feuilles de*)   2

Masques pour bal, à mercerie.

Massicot   9

Matelas, comme unis au tarif, pour cent de la valeur   10

Mêches soufrées, soufre en mêche et mêches de soufre. *Lettre du 22 messidor an 8,* pour cent de la valeur   10

Mechoacham ou rhubarbe blanche   2   10

Médicamens composés, prohibés.

Mélasse   5

Mercerie commune, savoir :

    Aiguilles de toute sorte. -- Ambre jaune travaillé.

Battefeux et briquets limés. — Bois de miroirs non enrichis. — Boîtes ferrées. — Boîtes de sapin peintes. — Boucles de fer. *Décision du 6 nivose an 7.* — Bougettes. — Bourses de cuir, — de fil et laine. — Boutons de manches d'étain, et autres métaux communs. — Brosserie.

Cadrans d'horloge et de montre. — Chapelets de bois et de rocailles. — Coffres non garnis. — Colliers de perles et de pierres fausses. — Compas. — Cornets à jouer, de corne ou de cuir, — Cornes claires à lanternes.

Dez à coudre en corne, cuivre, fer, os et ivoire. — Dez à jouer. — Dominoterie.

Ecritoires simples. — Eperons communs. — Eventails communs.

Feuilles d'éventails. — Fouets. — Four-

liv. s.

nimens à poudre. — Fourreaux d'épée. — Fuseaux.

Gaines. — Grains. — Gibecières de verre verre de toute sorte. — Grelots.

Hameçons. — Horloges à sable. — Houpes à cheveux, de duvet.

Jetons de nacre, d'os et d'ivoire.

Lanternes communes. — Lignes de pêcheurs

Manicordium. — Masques pour bal. — Moulins à café et à poivre.

Ouvrages de buis. — Ouvrages en cuivre et fer, tels que chandeliers, flambeaux, mouchettes, tire-bouchons et autres de même espèce. — Ouvrages menus d'étain, comme cuilliers, fourchettes.

Peignes de buis, de corne et d'os. —

Perles fausses. — Pipes à fumer.

Ramonettes. — Raquettes. — Sifflets d'os et d'ivoire. — Soufflets.

Tambours. — Tamis.

Volans, le cent pesant.............. 20

Merceries, fines et autres non dénommées dans le présent tarif, pour cent de la valeur..................... 15

Mercerie en soie, comme bourses à cheveux, mouches et mouchoirs de soie, la livre net................... 6

Mercure. (Voyez Argent vif.)

Mercure précipité................. 15

Mesures. (Voyez Poids.)

Métal de cloches.................. 18
   de Manheim. (Voyez Tombac.)
   non-ouvré. (Voyez Bronze.)

Métiers à faire bas et autres ouvrages, pour cent de la valeur............ 15

Meubles de toute sorte, *le même droit.*

Meules à taillandier, la pièce (A.)

	liv.	s.
de 45 pouces de diamètre, à 40	2	10
de 39 pouces et demi à 34	1	15
de 33 pouces et demi à 25	1	
de 24 pouces et demi à 20		8
de 19 pouces et demi à 15		4
de 14 pouces un quart et au-dessous		2

Meules de moulin au-dessus de 6 pieds de diamètre..................... 7 10

Meules de moulin, la pièce de 6 à 4 pieds de diamètre.................... 5
   au-dessous de 4 pieds de diamètre... 2 10

Meum d'athamante................. 1

Mica (Voyez Talc de Moscovie, aux exemptions.)

Miel............................. 3

Mine de plomb noir............... 15

Minium........................... 5

Miroirs (Voyez Glaces.)

Mode. (Ouvrages de) pour cent de la valeur..................... 12

liv. s.

Moëlle de cerf. (Voyez Cerf.)

Molletons. (Voyez Draperie.)

Monnaie de métal, prohibée.

Montres. (Voyez Horlogerie.)

Morelle en drapeaux. (Voyez Tournesol, aux exemptions.)

Morilles et mousserons............. 12

Morphil. (Voyez Dents d'éléphant.)

Mortiers de fonte et de métal. (Voyez Cloches.)

Mortiers, comme munitions de guerre, aux exemptions.

Mouches. (Voyez Mercerie en soie.)

Mouchettes, à mercerie.

Mouchoirs de coton ou de fil et coton, comme toiles de coton, s'ils sont blancs; s'ils sont teints ou imprimés, comme toiles teintes ou peintes. rayés ou à carreaux blancs, bordures de couleurs, (et fils) comme mousseline unie. (A)

Mouchoirs de soie. (Voyez Mercerie en soie.)

Moules de boutons.................. 3

Moulins à café et à poivre, à mercerie.

Mousse marine. (Voyez Corail.)

Mousseline (*on répute mousseline toute toile de coton, dont les 10 aunes sur la largeur de 7 huitièmes, pèsent moins de 5 lb. Loi du 22 août 1791, titre 4 a t. 5.*) rayées et unies, à carreaux, brochées, et fonds unis............. 300

Mousseline et fichus brodés de toute sorte........................... 400

Mousserons. (Voyez Morilles.)

Moutarde......................... 6

Mouvemens de montres. (Voyez Horlogerie.)

Muguet ou lys de valée. (*Fleurs de*).. 1 10

Mules et mulets, la pièce.......... 1

Musc, la livre net................ 15

Muscade, la livre net............. 1

Musique gravée, et papiers de musique, comme estampes (A.)

Myrobolans non-confits............. 3 10
   confits....................... 15

Myrrhe. (*Gomme de*)............... 4

N.

Nacre non-travaillé. (Voyez Coquilles.)

Nankin. (Voyez Toiles.)

Napes ou sacs de martes. (Voyez Pelleterie.)

Naphe ou naphte.................. 1 10

Nard indien. (Voyez Spicanard.)

Nattes de jonc................... 4

Nattes de paille, de roseaux et autres plantes et écorces................ 1

Ouvrages

	liv.	s.
Ouvrages en or et argent fin, la livre net.	15	
en soie, avec or et argent fin, la livre net.	12	
en soie sans or ni argent, la livre net.	7	10
en soie et coton, ou matières mêlées, la livre au net, lorsqu'il y a de la soie, et au brut, lorsqu'il n'y en a pas.	3	10
de filoselle et fleuret, le même droit au net (A).		
Passepierre ou percepierre		15
Pastel. (*crayons de*)	5	
Pâtes d'amandes et de pignons	6	
d'Italie	5	
Pâtes de papier. (Voyez Cartons, aux exemptions.)		
Patience	1	
Pattes de lion	1	
Pavot rouge ou coquelicot. (*fleurs de*)	1	
Peaux tannées, corroyées ou autrement, ouvrées, et ci-après désignées (P).		
Sans la prohibition, elles paieraient les les droits suivans :		
Peaux d'ania, biori, bœuf, buffles, élans, d'empakasse, de mos ou moos, d'arignac, tannées en fort	18	
Peaux corroyées	22	10
de vache, tannées	16	
corroyées	20	
de vaches et de bœufs passées en Hongrie	15	
passées en chamois et en buffle	30	
de vaches, fabriquées en russi ou roussi	30	
de cheval, tannées en croûte et passées en Hongrie	7	10
étirées et corroyées.	10	
passées en chamois	12	
de boucs, chèvres, chevreaux, chamois, etc. maroquinées en cordouan, en rouge	70	
en courdouan ou maroquinées en noir, vert, bleu, citron et autres couleurs	90	
en basane	18	
tannées ou corroyées	30	
passées en chamois	45	
passées en blanc ou en mégie	27	
Peaux de cerfs et de chevreuils, passées en chamois	75	
passées à l'huile	45	
Peaux de chagrin de Turquie	75	
Peaux en façon de Turquie	43	
Peaux de chiens, tannées et corroyées	37	10
d'ânes, tannées et corroyées	45	
de daims, d'élans, passées en chamois.	75	
de moutons, brebis et agneaux en chamois	25	
passées en basane et en croûte	24	

	liv.	s.
Peaux passées en blanc et en mégie	30	
passées en mégie avec la laine, appelées howes, biscains ou housses de chevaux	18	
Peaux d'agnelins, apprêtées pour vélins ou smucques	150	
d'orignacs, passées en chamois	60	
Peaux de porc et de sangliers, tannées en croûte	22	10
de rennes, passées en chamois	180	
de veaux, passées en chamois	120	
tannées en croûte	16	
corroyées	24	
en mégie	150	
de veaux d'Angleterre, ou préparées en Angleterre	45	
Peaux de cagneaux bleus, chiens de mer ou roussettes, lions et ours marins	4	
Peignes de buis, de corne et d'os, à mercerie.		
d'écaille, la livre	1	
d'ivoire, la livre		15
Pelles de fer, comme instrumens aratoires, tarifés à quincaillerie. (A)		

Pelleteries non apprêtées payant au cent en nombre, excepté celles d'hermines blanches.

	liv.	s.
Peaux de blaireaux, de loutres, loups de bois et cerviers, de cygnes, de chèvres-angora, de carcajoux	20	
Peaux de chats-cerviers, chats-tigres, lions, lionnes, martes de toute espèce, oies, renards de toute espèce, pekands, veaux, vaches et loups-marins	10	
de chats-de-feu, chats-sauvages, de chiens et de chikakois ; fouines, genettes, gredbes, marmottes, putois, vizons	5	
d'ourses et d'oursins de toute couleur.	25	
de léopards, panthères, tigres et zèbres	50	
d'hermines blanches et lasquettes, le timbre de quarante peaux	2	
d'hermines de terre mouchetées et bervesky, écureuils d'Amérique, palmistes des Indes	2	
de petits-gris et écureuils de toute espèce	1	

Pelleteries apprêtées, à l'exception des peaux d'ours, qui ne paient que le même droit, le double des droits ci-dessus.

	liv.	s.
Peaux d'agneaux, connues sous le nom d'Astracan, de Russie, de Perse et de Crimée, la pièce		10
Peaux de lièvres blancs, apprêtées, le cent en nombre	6	

liv. s

Peaux gorges de renards, de martes et de fouines, *idem* 2

   Queues de marte de toute espèce, *idem* 2 10

   de petits-gris, d'écureuils, d'hermines, de putois, *idem* 5

   de renards, de fouines, de carcajoux, de pekands, de loups, *idem* 1 10

   Sacs ou nappes de martes de Russie, de Canada, de Suède, d'Ethiopie, d'agneaux d'Astracan, d'hermines, de lasquettes, le sac ou nappe . . 5

   Sacs ou nappes de dos et ventres de petits-gris, d'écureuils de toute espèce, de lapins de toute couleur, de taupes, de fouines, de putois, de dos et ventres de lièvres blancs, d'hermines de terre, mouchetées ou bervesky, rats palmistes des Indes, d'hamster, de ocs, ventres et pattes de renards, le sac ou nappe. 1 10

Pelleteries non dénommées paieront les droits de celles auxquelles elles seront assimilées.

Pelleterie ouvrée, comme manchons, fourrures, etc. pour cent de la valeur. 15

Peaux de lapins blancs, riches, roux, noirs et bruns, apprêtées, la pièce

Pendules (Voyez Horlogerie.)

Perles fausses, à mercerie.

Perruques, la pièce 2

Persil de Macédoine 5

Picardats, picholines. (Voyez fruits.)

Pieds d'élans, le cent en nombre 1 10

Pierres arméniennes 10

Pierres de choin polies en cheminées, etc. deux et demi pour cent de la valeur.

   à chaux, comme chaux

   à feu, à fusil et arquebuse, dans lesquelles on doit comprendre celles à briquet 2

Pierres à aiguiser, de toute sorte 10

   de touche 1

Pierre-ponce 10

Pierres de Mangayer 5

Pierres de fiel. (Voyez Besoard.)

   hematites. (Voyez Hematites.)

   de composition. (Voyez Ouvrages, etc.)

Pierres de grès. (Voyez Pavés.)

Pignons blancs. 3

Pignons d'Inde. 4

Piment. (Voyez Poivre.)

Pinceaux, autres que de cheveux et de poil fin 9

   de poil fin 72

Pipes à fumer, à mercerie.

Pirestres 2 10

Pistaches cassées 12

Pistaches non cassées 3

Pivoine. (*racine et fleur de*) 3

Planches. (Voyez Bois.)

Plomb brut et en saumon 3

   à tirer et en grenailles 4 10

   laminé et ouvré, de toute sorte . . 9

Plumes d'autruche, d'aigrette, d'espadon, de héron, d'oiseau couronne, de xomolt et autres qui entrent dans le commerce des plumasseries, de première qualité 50

   apprêtées au net 150

Plumes de qualité inférieure, comme petites noires, bailloques brutes et de vautour, (A) non apprêtées 20

   apprêtées, au net 50

Plumes à écrire, non apprêtées 3

   apprêtées 20

Plumes à lit 7 10

Poëlons de cuivre jaune. (Voyez laiton ouvré.)

Poids et mesures anciens (P).

Poids dont les anneaux sont brisés, peuvent entrer *Décision du 26 prairial an 7.*

Poil filé et en écheveaux, excepté celui de chèvre, admis en payant 10 sous par quintal. (P) Sans la prohibition, il devrait, savoir : celui de lapin et de lièvre. 40

Poil de bouc et chevreau 10

   de castor 180

   de chameau retors et en cordonnet. 60

Poil de chèvr, retors en cordonnet pour boutons, etc. 120

Poil ou soie de porc et de sanglier 1

Poiré, le muid de Paris, de 144 pots. 6

Poisson de mer. (*On répute poisson de mer les saumons et esturgeons péchés dans l'Escaut.*) Décision du 27 vendémiaire an 7, à l'exception des anchois et du ton. (C) 10

Poisson frais de pêche étrangère, importé sur bâtiment français, antre que le maquereau et le harang (C), 5 centimes par myriagramme.

Poivre à queue. (Voyez Cubebe.)

Poivre de toute autre sorte, même ceux connus sous la dénomination de poivre-long, corail de jardin ou piment en graines ou en grabeau 15

Poix grasse, poix noire, poix-résine ou résine de sapin 5

Poligata. (Voyez Séneka.)

Polium montanum 1 10

Poïozum ou fiute verte 12

Pommades de toute sorte 30

Pompholix ou calamine blanche 3

Porcelaine commune 80

   fine 160

	liv.	s.

Porte-feuilles de basane, comme mercerie commune. (A)

    de maroquin, comme mercerie fine. (A).

Poterie de terre grossière............ 1 — 10

Potin gris. (Voyez Arco.)

Poudre à poudrer, excepté celles ci-après. 6

Poudre de senteur................... 45

Poudre de Chypre, la livre.......... 2

Pouliot de Virginie................. 1

Pourpre naturelle et factice........... 7 — 10

Presle. (*feuilles de*)................. — 5

Prunes, pruneaux. (Voyez Fruits.)

Prunelle. (Voyez Draperie.)

Q

Queues de marte, de petits gris, de renard. (Voyez Pelleterie.)

Quincaillerie, consistant en faulx, faucilles, scies, vrilles et autres instrumens aratoires. 20

    En fléaux de balance, limes communes et autres gros ouvrages de quincaillerie en fer................... 10

Quincaillerie fine, consistant en alènes, broches, carlets, emporte-pièces et en limes d'acier................... 37 — 10

Quincaillerie en cuivre de toute sorte, ou avec cuivre rouge, jaune ou plaqué, sans or ni argent. (P)............ 24

Quinquina.................. 8

R

Racines d'alizari, d'angélique, de dictame, d'ellebore, de guimauve. (Voyez Garance sèche, angélique, dictame, ellebore et guimauve.)

Racine de chicorée moulue. (*Les habitans du département de la Meuse-Inférieure en font usage en place de café.*) Décision du 27 prairial an 4, pour cent..... 5

Raisins de Damas et de Corinthe.... 1

Ramonettes, à mercerie

Rapatelle, ou toile de crin....... 10

Rapontic, ou fausse rhubarbe, prohibé.

Rapure d'ivoire............. 5

Raquettes, à mercerie.

Rasoirs. (Voyez Coutellerie.)

Ratafias. (Voyez Liqueurs.)

Ratines et raz de castor. (Voyez Draperie.)

Réglisse en bois.............. — 15

Régule d'antimoine........... 4

    d'arsenic ou de cobalt...... 4

    d'étain........... 12

    martial.......... 8

    de Vénus.......... 20

Résine de jalap.......... 30

    de sapin. (Voyez Poix.)

    de scamonée. (Voyez Scamoné.)

---

	liv.	s.

Ressorts de voitures. (Voyez Fers ouvrés.)

Rhodium. (Voyez Essence de roses.)

Rhubarbe................. 18

Rhue. (*feuilles de*)............ 1

Rhum, comme eau-de-vie, autre que de vin, aux prohibitions.

Riccin.................. 4

Rocou.................. 3

Romarin. (*fleurs de*) (Voyez Fleurs.)

Roses fines et communes....... 5

Rosettes................. 1

Rotins ou roseaux des Indes pour faire meubles............... 3

Rouge brun. (Voyez Brun rouge.)

Rouge pour femmes, la livre....... 4

Rubans de fil écru et d'étoupes...... 30

    de fil blanc............. 50

    de fil teint............. 70

    ceux du duché de Berg, pour cent de la valeur. *Loi du 6 fructidor an 4.* 10

    (*La loi du 6 nivose an 10, porte que ce droit sera perçu au poids, conformément au tarif du 15 mars 1790.*)

Rubans, cordons et tresses de laine et fil de chèvre mêlés.......... 60

Rubans ou tresses en poil de chèvre, mêlés de soie........... 100

Rubans de soie, fleuret ou filoselle. (Voyez Passementerie.)

S

Sacs ou nappes de marte, etc. (Voyez Pelleteries.)

Safran, la livre net........... 2 — 5

Safre ou zaphre............ 7 — 10

Sagatis. (Voyez Draperie.)

Sagu ou sagou............. 10

Salep ou salop............. 30

Salse-pareille............. 6

Sandarac................ 6

Sang de bouc ou bouquetin....... 7 — 10

    de dragon de toute sorte....... 9

Sangles pour meubles, etc....... 60

    pour chevaux, comme harnais. (A)

Sanguine pour crayons........... — 5

Sarrette ou sarriette........... — 10

Sassafras ou saxafras.......... 1 — 10

Sauge................. 1

Savon................. 9

Savon noir............... 6

Savonnettes.............. 40

Saxifrage. (*graine ou semence de*)...... 1 — 10

Scabieuse................ 1

Scamonée, au net........... 50

Scamonée. (*résine de*) au net....... 150

Scies à quincaillerie.

Scilles ou squilles marines........ — 15

Sebestes................ 2

	liv.	s.
Sel ammoniac, gemme ou fossile naturel, et d'oseille	5	
d'Epsom ou duobus	3	
de Glauber, comme sel d'Epsum. (A)		
de saturne, de tartre, végétal, de saignette et de lait	10	
volatil de corne de cerf, de vipère, de carabé, au net	60	
marin et de salines. (Voyez aux prohibitions.)		
de nître, de quinquina et de rhubarbe, prohibés.		
Sel. (*pierre ou crasse de*) qui supplée à la soude. (*Il vient de Hollande dans la ci-devant Belgique, et s'emploie à la fabrication des verres communs.*) Décision du 7 ventose an 5, pour cent de la valeur.	3	
Selles, comme harnais. (A)		
Semen d'anci	5	
Semen cartami	1	10
Semen-contra. (Voyez Barbotine.)		
Semence du ben	2	
Semences froides et autres médicinales...	3	
Séné en feuilles, follicules ou grabeau...	6	
Sénéka ou poligata de Virginie...	4	
Sennevé...		10
Serans, outils propres à peigner le chanvre, comme instrumens aratoires tarifés à quincaillerie. (A)		
Serpentine ou serpentaire...	5	
Serpes et serpettes, comme coutellerie et quincaillerie en instrumens aratoires.		
Serrures. (Voyez fers ouvrés.)		
Seseli de Marseille ou de Candie...	1	10
Sifflets d'os et d'ivoire, à mercerie.		
Similor. (Voyez Tombac.)		
Sirops non dénommés dans le présent tarif.	25	
Sirop de kermès...	5	
Smalt. (Voyez azur en pierre)		
Soies grèzes, la livre net...		10
grèzes doubles ou donpions, la livre net...		5
ouvrées, en trame, poil et organsin, et à coudre, crues, la livre net.	1	
teintes et fleurets teints, la livre net.	1	10
fleuret ou filoselle crue et bourre de soie cardée, la livre net...		8
Soie de porc. (Voyez Poils.)		
Solanelle ou chou de mer...	1	10
Sorbec...	18	
Souchet ou cyperus de toute sorte...	1	
Soufflets, à mercerie.		
Soufre en canons...	1	
Souliers. (Voyez Cordonnerie.)		
Souliers de cordes. (Voyez Alpargates.)		
Spica celtica ou nard celtique...	3	
nardi ou nard indien...	10	
Spode...	2	
Squenante ou pailles de squenante...	10	
Squine ou esquine...	3	
Staphisaigre...	1	10
Statues de bronze. (Voyez Bronze ouvré.)		
Stecas ou sticade...	1	10
Stercus diaboli. (Voyez Assa fœtida.)		
Stil de grains...	6	
Storax, calamite...	10	
liquide...	3	
rouge et en pain...	4	
Sublimé doux et corrosif...	15	
Suc de guimauve. (Voyez Guimauve.)		
Succin. (Voyez Carabé.)		
Sucre candi ou autrement, rafiné en pain, au net, par myriagramme...	4	
cassonades et sucres terrés, connus sous la dénomination de première, deuxième et troisième, par myriag.	3	
terrés, connus sous la dénomination de quatrième petit sucre ou tête, par myriagramme...	2	
brut, 75 centimes par myriagramme.		

T

	liv.	s.
Tabac en feuilles, au quintal net. *Loi du 2 brumaire an 7.*		
Par bâtimens français...	20	
La réduction accordée aux tabacs importés par bâtimens de mer français, n'est point applicable à ceux arrivant par le Rhin et la Meuse, quoique sur bateaux français. Décision du ministre, du 9 germinal an 7.		
Ni même à ceux qui ne sont pas importés, par bâtimens français directement des Etats-Unis de l'Amérique, des colonies espagnoles, de l'Ukraine et au Levant. Arrêté des consuls, du 16 thermidor an 8.		
Le tabac de prises doit les droits, comme s'il était importé par bâtiment étranger. Décision des 12 vendémiaire et 26 fructidor an 7.		
Par terre et par bâtimens étrangers.	30	
Tabac en côtes, doit le même droit que celui en feuilles. *Décision du 12 frimaire an 6.*		
Tabac fabriqué, même en sigare. (P) (*Les droits sur le tabac doivent être perçus sur le poids reconnu à l'arrivée.*) Décision du 18 brumaire an 9.		
Tabatières. (Voyez Boîtes.)		
Tableaux à cadres ou bordures, sur l'estimation des cadres ou bordures seulement, pour cent...	15	
Tabletterie, (P) pour cent...	15	
Tafias, aux prohibitions.		
Taillandier. (Voyez Fers ouvrés.)		
Taille de binasgue. (Voyez Binasgue.)		
Tamarin...	2	10
Tambours et tamis, à mercerie.		

	liv.	s.
Vez-cabouli..............................	3	
Vif argent. (Voyez Argent-vif.)		
Vinaigre, les 2 hectolitres 74 litres...	3	
Vins en futailles, les 2 hectolitres 74 litres, correspondant au muid de 144 pots, faisant 288 pintes.........	25	
Importé depuis le fort Vauban jusqu'à la pointe septentrionale du département du Bas-Rhin ; il paie seulement, s'il est sans emballage ou double fond. *Arrêté du directoire du 5 fructidor an 6*	12	
Par les bureaux de terre, frontières d'Espagne, depuis Mont-Libre inclusivement, Jean-Pied-de-Port, aussi inclusivement, le même droit.		
Vins en bouteilles, les 2 hectolitres 74 litres...............................	60	
Vierne ou hardeau. (*Feuilles et baies de*)	1	
Vipères vivantes et sèches, le cent en nombre................................	5	
Visnague. (Voyez Bisnague.)		
Vitriol blanc de Chypre..............	7	10
bleu. (Voyez Couperose.)		
rubifié. (Voyez Calcantum.)		
Voiles imitant ceux de Reims. (Voyez draperie fine.)		
Voitures vieilles ou neuves, excepté celles servant aux voyageurs (P), pour cent de la valeur........................	12	
Volans, à mercerie		
Vrilles, à quincaillerie.		
Vulnéraires. (*Herbes*)...............	2	

X

Xilo balsamum. (Voyez bois de baume.)

Y

Yvoire.................................. 3

Z

Zaphre. (Voyez safre.)
Zedoaire ou citrouaire.............. 9
Zing. (Voyez Toutenague.)

Fin du tarif des droits d'entrée.

Objets admis au tarif d'entrée.

Les marchandises et denrées omises au chapitre des droits d'entrée du tarif général, acquitteront ces droits sur la valeur qui en sera déclarée, savoir : pour celles qui auront reçu quelque main-d'œuvre que ce soit, à raison de dix pour cent de cette valeur.

Pour les drogueries, de cinq pour cent.

Pour tous les autres objets, de trois pour cent. (*Article V du titre I de la loi du 22 août 1791.*)

Tare à déduire pour percevoir les droits sur ce qui est tarifé au net.

Toutes les marchandises paient les droits au poids brut à l'exception de celles ci-après, lesquelles acquitteront au poids net. *Loi du 22 août 1791, titre I, article III.*

SAVOIR :

Dentelles. — Drogueries et épiceries, dont le droit excédera 20 livres par quintal. (*Les drogueries et épiceries qui devront acquitter au poids net, en conformité de cet article III, sont celles ci-après :*

Ambre gris. — Azur de roche fin. — Baume. — Bézoard. — Bois néphrétique. — Cardamomum. — Castoreum. — Cendres bleues et vertes à l'usage des peintres. — Chocolat. — Civette. — Costus indicus et amarus. — Eaux médicinales. — Essenses d'anis, de canelle, de romarin et de rose. — Gerzeng. — Huiles dont le droit excède 20 livres du quintal. — Labdanum. — Musc. — Muscade. — Safran. — Scamonée. — Sel volatil. — Thé. Loi du 1 août 1792, art. IX.

La canelle et le giroffle ayant été oubliés, acquittent au brut.)

Ouvrages de soie, or et argent, et tabac. *Même article III.*

Plumes apprêtées. — Soie. — Sucres rafinés et candis. *Loi du 1 août 1792, art. IX.*

La tare est de 12 pour cent sur le tabac en boucauds, et les drogueries et épiceries ; de 2 pour cent sur les mêmes objets en panier ou en sacs. *Même article III du titre I de la loi du 22 août 1791.*

A l'égard des ouvrages de soie, or et argent, et des dentelles, la perception en sera faite sur la déclaration au poids net, sauf la vérification de la part des préposés. *Même article.*

Nota. Ces dispositions sont nécessairement applicables aux plumes apprêtées et aux soies.

Lorsque des marchandises sujètes aux droits, au poids net ou à la valeur, se trouvent dans les mêmes balles, caisses ou futailles, avec d'autres marchandises qui doivent les droits au poids brut, la totalité desdites caisses, balles ou futailles, acquitte au poids brut. *Même article.*

Toute marchandise qui, étant tarifée au brut, est dans une double futaille, ne doit les droits que déduction faite du poids de la futaille qui lui sert d'une seconde enveloppe. *Loi du 1 août 1792, article IX.*

Dans le cas où une balle ou futaille contient des marchandises assujéties à des droits différens, le brut de la balle ou de la futaille doit être réparti sur chacune des espèces qui y sont contenues, dans la proportion de leurs quantités respectives. *Même article.*

EXPORTATIONS.

Les marchandises sortant se divisent en trois classes.
Celles dont l'exportation est défendue.

Les marchandises permises, imposées à des droits fixes.

Les marchandises qui, ne faisant pas partie des autres classes, peuvent sortir en payant 15 cent. par 100 fr. de valeur.

L'état numéro premier est celui des objets prohibés à la sortie.

Le second indique ce qui est sujet à des droits de sortie fixes.

Les productions non comprises dans ces états, doivent 15 cent. pour 100 francs de valeur. *Loi du 24 nivose an 5, art. II.*

(*Les bouteilles et barbues y sont sujètes, quoique pleines de vin ou de liqueurs.* Circulaire du 3 complémentaire an 6.

N°. 1. *Prohibitions à la sortie.*

Nota. Les unes ont été établies par le tarif de 1791; les autres sont le résultat de diverses lois confirmées par celle du 19 thermidor an 4. Les premières sont indiquées par un (T).

A

Argent et or en lingots.
Armes autres que de luxe.

(*Des armures anciennes ont été exceptées, comme objets d'arts.* Décision du 12 prairial an 7.

Les armes d'honneur, que le Gouvernement accorde aux guerriers qui se sont distingués en combattant pour la République, peuvent sortir sur présentation, par les couriers, du certificat du ministre de la guerre, indiquant leur destination. Lettre du ministre, du 26 floréal an 8.

B

Bestiaux, excepté les cochons de tout âge; les veaux qui n'ont pas plus de six mois; les bœufs, vaches et moutons passant en Espagne; les bœufs et vaches pour le Piémont et pour la partie de l'Helvétie qui confine au Mont-Terrible.
Bois à brûler et de construction navale ou civile, sauf les exceptions en l'état n°. 2. (T)
Bois merrain. (T)
Brai, sec ou gras, excepté pour l'Espagne.

C

Cables.

(*Ceux embarqués sur navire étrangers, en remplacement de ceux usés, avariés, ou manquans, ou pour sûreté de la traversée, sont exceptés de la prohibition, et seulement sujets au droit de 2 francs 50 centimes par quintal.* Décision du 17 nivose an 8.)

Café qui n'est pas justifié provenir des colonies françaises, ou avoir acquitté les droits comme étranger, dans l'année de l'expédition.
Cartons gris ou pâtes de papier. (T)
Cartons en feuilles.
Cendres de toute sorte. (Ce qui comprend celles d'orfèvres, même lessivées.) (T)
Chanvre, excepté par les départemens du Rhin, ou qui bordent ce fleuve.
Charbons de bois, sauf les exceptions, n°. 2. (T)
Chevaux, y compris jumens et poulains.

(*Pour assurer le maintien de cette prohibition, le conducteur d'un cheval, monté ou atelé, qui ira à l'étranger, fournira soumission cautionnée de ramener ledit cheval dans le délai qui ne pourra excéder deux mois, à peine d'en payer la valeur.* Loi du 9 floréal an 7, tit. II, art. VII.

Cordages usés, comme munitions navales.
Coton en laine.
Cuirs secs en poil, excepté ceux venus de l'étranger dans les six mois précédens.
Cuirs en vert.
Cuivre non ouvré, même en planche.

(*Cette prohibition ne s'oppose pas à l'emploi qui peut être fait dans nos ports, de cuivre en planche pour radouber des navires neutres.* Décision du ministre, du 17 vente e an 6.

Il n'est pas susceptible de droits. Décision du 12 brumaire an 8.)

E

Ecorces à tan, excepté du ci-devant district de Lure. (T)
Espèces d'or et d'argent, soit au type de France, soit au type étranger.

(*Les prisonniers de guerre étrangers, retournant dans leur patrie, peuvent sortir avec une somme qui n'excédera pas trois mois de leur solde.* Arrêté du comité de salut public, du 15 fructidor au 3.

Mais les voituriers et tous les autres particuliers ne peuvent exporter de plus fortes sommes en numéraire, que celles qu'ils ont importées de l'étranger, et dont ils ont fait constater la quotité par une déclaration au premier bureau d'entrée. Décision du 2 germinal an 4.

Les capitaines étrangers qui apportent des denrées et marchandises à la foire de Beaucaire, peuvent exporter, en numéraire, le prix de leur fret, et non de leurs marchandises, qu'ils ont la facilité d'échanger contre nos productions. Lettre du 2 messidor an 4.)
Etain non ouvré.

F

Farines.
Féraille ou vieux fer. (T)
Fils de mulquinerie et de linon.
Fourrages, excepté le foin du pays de Gex.

Futailles vides ou en bottes. (T)

(*On verra aux mots Marchandises de retour, les précautions à prendre pour assurer la rentrée des futailles que des raisons de commerce obligent de laisser sortir.*

G

Goudron, excepté pour l'Espagne.

Graines grasses.

Grains de toute sorte.

(*La graine de vesce, aussi nommée jarosse, servant à la nourriture des chevaux est comprise dans la prohibition.* Lettre du ministre de l'intérieur, du 2 complémentaire an 7.)

Graisses.

(*Celle d'asphalte, nommée aussi huile bitume minéral, provenant de l'exploitation de la mine d'Asphalte, située dans le département du Bas-Rhin, ne doit que les 15 cent. par 100 francs à la sortie.* Lettre du ministre de l'intérieur, du 6 ventose an 5.)

Groisil, autrement verre cassé. (T)

H

Huiles de poisson.

I

Indigo qui ne sera pas justifié provenir des colonies françaises, ou avoir été importé de l'étranger dans les deux mois précédens.

Indique, espèce de pâte bleue qui se fabrique dans le département du Doubs. (*Diférant peu de l'indigo, il a été jugé qu'il serait compris dans la prohibition de sortie.* Décision du 7 ventose an 5.)

L

Laines non filées, sauf la réexportation dans l'année de l'arrivée, de celles que l'on justifiera provenir de l'étranger.

Laiton non ouvré.

Légumes secs de toute sorte.

Lin, même peigné. (T)

Linge vieux. (Voyez Matières propres, etc.)

M

Matelas composés de laine, comme compris sous la dénomination de laines non filées.

(*Le passager qui s'embarque sur un navire d'une puissance alliée ou neutre, peut en exporter deux pour son usage dans la traversée, pourvu qu'ils soient composés de laine vieille et hors d'état de fournir aux fabriques nationales.* Décision du 17 messidor an 4.)

Matières servant à l'engrais des terres, telles que fumier, colombine, clapens, cornes rapées et autres, à l'exception du plâtre et de la terre de marne.

(*Le gyp, espèce de plâtre, quoique servant à l'engrais des terres, la sortie en est tolérée par le département du Doubs.*)

Matières propres à la fabrication du papier et de la colle.

(*On ne peut comprendre dans cette classe les ro-*

gnures de papiers, qui ne sont propres qu'à la fabrication de carton.*)

Métal de cloche, comme composé de cuivre ou étain. *Décision du 27 vendemiaire an 6.*

Métiers pour les fabriques.

Mine de fer brute et lavée. (T)

Mines métalliques de toute autre sorte.

(*On ne peut comprendre sous cette dénomination la manganèse, minéral assez semblable à l'antimoine qu'emploient les émailleurs, les potiers de terre et les vitriers.* Décision du 2 fructidor an 4.

Mine de plomb, avec laquelle il ne faut pas confondre le minium.

Mules et mulets, excepté pour l'Espagne, le Piémont et la partie de l'Helvétie qui confine au Mont-Terrible.

Munitions de guerre, y compris le salpêtre.

Munitions navales, sauf ce qui est ordonné pour les brais, goudrons et planche de pin.

N

Navires, même de prises.

(*On ne peut pas leur assimiler les bateaux ; la sortie en est permise.* Décision du 17 messidor an 6.)

O

Oreillons. (Voyez matières propres, etc.)

P

Peaux de lièvres, de lapins blancs, roux, de toute espèce et couleur, cruds. (T)

(*Les peaux de chiens de mer, quoique non ouvrées, ne sont pas comprises dans la prohibition.* Décision du ministre de l'intérieur, du 9 thermidor an 5.)

Peaux de castor et autres, non désignées au tarif de sortie.

Pennes de coton, de fil et de laine. (T)

Pierres à fusil.

Pierres à feu, de quelque espèce et qualité qu'elles soient, à peine de confiscation et de 300 liv. d'amende. *Loi du 19 brumaire an 8.*

Plomb non ouvré.

Poil en masse et non filé, de castor, de chèvre, de chevreau, de lapin, de lièvre et de loutre. (T)

Poil de chien, même filé.

Pommes de terre. *Décision du 7 pluviose an 8.*

Potasse. (T)

R

Récoltes, étant comprises sous la dénomination de grains, légumes secs et fourrages.

(*Les étrangers, propriétaires en France, ne peuvent extraire en nature celles de leurs possessions.* Arrêté du directoire exécutif, transmis par la lettre du ministre, du 7 fructidor an 4.)

Résine, excepté pour l'Espagne.

S

Salins.

Soies, autres que celles à tapisserie. (T)

Sucre

Sucre brut, tête et terré, s'il n'est justifié provenir des colonies françaises.

Suif.

V

Veaux au-dessus de six mois.

N°. 2. *Droits fixes de sortie, et de leur quotité.*

(*Le droit est dû au quintal, quand il n'est point exprimé que c'est à la pièce, au nombre ou à la valeur. La loi du premier août est indiquée par* A *; celle du 19 thermidor an 4, par* B *; celle du 14 nivose an 5, par* C *; celle du 9 floréal an 7, par* D. *Les articles sans indication sont ceux du tarif de 1791.*)

A

	liv.	s.
Acier et fer, et ouvrages uniquement composés de ces deux matières, 5 centimes par myriagamme.		
Alun exporté par le département de la Roër. (C)	10	

(*En accompagnant l'envoi, d'un certificat d'origine, du département de l'Ourthe, du maire ou autre magistrat.*) Décision du 8 fructidor an 8.

	liv.	s.
par les autres départemens. (C)	1	
Amidon. (C)	1	
Amurca ou marc d'olive	10	
Anes et ânesses, pièce	5	
Ardoises, par les départemes réunis, correspondans à ceux du Nord et des Ardennes, (A) le mille en nombre	1	
Armes de luxe, comme pistolets, fusils de chasse, épées et couteaux de chasse, (C) un demi pour cent de la valeur.		

B

	liv.	s.
Beurre, par les départemens réunis, le Mont-Blanc et l'Ain. (C)	10	
par les autres départemens. (C)	2	10
Bœuf, pour l'Espagne, (C) pièce	1	10

(*Les dispositions énoncées à l'article des mules et mulets, sont communes aux bœufs et vaches.*)

pour le Piémont et la partie de l'Helvétie, qui confine au Mont-Terrible, (D) *même droit.*

	liv.	s.
Bois en planches ou autrement ouvrés, ne pouvant servir à la construction navale, sortant des départemens des Vosges, des Deux-Nèthes, de la Meuse-Inférieure, de l'Ourthe, des Forêts et de la Moselle, de la vallée de Lucelle, du ci-devant district de Gex et du Mont-Blanc, (C) pour cent de la valeur....	5	

	liv.	s.
Bois à la poignée, du ci-devant district de Thonon, depuis Saint-Gingolf jusqu'à Thonon, inclusivement, (C) pour cent de la valeur	5	
Bois de marquéterie, de tableterie, de buis, d'éclisse, feuillard, (B) pour cent de la valeur	4	
Bois de teinture réexportés, comme bois de marqueterie. (C)		
Bois de construction navale, tirés de la Belgique pour la marine hollandaise, sur la permission du directoire, pour cent de la valeur	5	

(*La demande doit être faite par le gouvernement batave, et énoncer la quantité de pieds cubes dont il désire l'extraction.*) *Loi du 4 nivose an 5.* Lettre du ministre, du 2 nivose an 6.

	liv.	s.
Bois de toute espèce pour la Hollande, par les nouveaux départemens conquis, pour cent de la valeur	5	

(*Cette exception à la loi générale ne s'étend pas au bois merrain.*) Décision du 10 floréal an 7 ; *mais aux petites planches, en forme de merrain, fabriquées dans plusieurs cantons du département de la Roër. Arrêté du 25 brumaire an 7.* Décision du 12 fructidor an 7.

	liv.	s.
Bonneterie. Ce qui comprend les bonnets, les bas et même les gans tricotés ou au métier. (C)	10	
Bourre ou bloc de bœuf, de vache, de cheval, de cerf et autres animaux, à l'exception de ceux dont la sortie est formellement prohibée	2	
Brai sec ou gras pour l'Espagne, en se soumettant de rapporter l'acquit-à-caution visé par le consul français. (C) ...	5	
Brou ou écorce de noix	1	10

C

	liv.	s.
Cacao dont l'origine n'est pas justifiée. (B)	5	
Cacao étranger, réexporté dans l'année. (C)	10	
Café étranger, *idem*	10	
des colonies. (Voyez Denrées coloniales.)		
Caillou à fayance ou porcelaine. (A)	5	
Caractères d'imprimerie, comme cuivre ouvré. *Décision du 12 germinal an 7* ...	2	
Chandelles. (C)	1	5
Chanvre peigné, par les départemens des Haut et Bas-Rhin. (C)	3	
par tous les bureaux établis sur le même fleuve. (D) *Même droit.*		

D

	liv.	s.
Chapeaux de tout prix, (C) la pièce.....		1

(*Ceux de paille ne pouvant être compris parmi ceux de poil et laine, ne doivent que le droit de balance.*) Circulaire du 22 messidor an 8.

Charbon de bois, par les départemens de la Dyle, de la Meuse - Inférieure , de l'Ourthe, des Forets et de la Moselle, la vallée de Lucelle et par le ci-devant district de Gex, (B) pour cent de la valeur   5

Charbon de terre ou houille, par l'Escaut ou par mer, le tonneau de mer. (C)...   15

Par terre, le millier pesant. (C)   10

(*Charbons de terre, provenant des mines du pays de Nassau,* 5 *centimes par 2 milliers pesant.*) Lettres du directeur de Cologne , des 29 frimaire et 8 ventose an 7.

Chardons à drapiers et bonnetiers.......   3

Chaux , le muid du poids de 3,200 liv. (B)   1   5

Chocolat. (C) ....

Cire blanche. (C).................   10

(*La bougie n'étant pas comprise au tarif, ne doit que le droit de* 15 *centimes par* 100 *fr. de la valeur.*) Lettre du directeur de Rouen , du 9 frimaire an 8.

Cire jaune. (C)...............   5

Clouterie , fer et acier seulement , 5 cent. par myriagramme.

Cochenille. (C)   10

Cochons , (C) la pièce.............   10

Cordages blancs et sans tannage , ni goudronnés , ni en fil de caret. (C).......   2   10

Cornes de bœufs, de vaches, de cerfs, de snaks , de moutons, béliers et autres cornes communes...............   10

Coton filé. (C)   5

Couperose. (B)..•,.............   2

Couvertures de laine , comme étoffes. *Circulaire du 22 messidor an 8.*

Cuirs secs en poil , étrangers , réexportés dans les six mois de l'arrivée, (C) pièce.   2

Cuirs tannés et corroyés, (C) pour cent de la valeur..................   1

Cuivre ouvré, autrement qu'en planches. (C).....................   2

D

Denrées venant des îles françaises, déchargées dans un port de la République, et consistant en sucre, cacao, café et indigo. (C)

Exportées par bâtiment français ou par terre , deux et demi pour cent de la valeur...............   1

Sur bâtiment étranger , les cacao, café , indigo , sucres têtes et terrés, pour cent de la valeur.........   5

	liv.	s.
Sucres bruts , pour cent de la valeur.	10	
Derle ou terre de porcelaine..........		10

Diamans et pierreries. (Voyez ouvrages de bijouterie.)

E

Eau-de-vie , (B) le muid.............   5

Ecailles d'ablette..............   2

Ecorce de tan du ci-d vant district de Lure, 25,000 quintaux par an , le mille pesant   10

Ecorce de tilleul pour cordages.........   4

Essandoles , comme bois d'éclisse , (A) pour cent de la valeur..............   4

Essence de térébenthine et térébenthine en pâte. (C).................   5

Etain ouvré. (C)...........   2   10

Etoffes. (C)................   10

F

Fers en gueuse. (C)...........   2   10

Fer-blanc...........   1   5

Feuilles de myrthe , et autres propres à la teinture et aux tanneries...........   10

Fil de fer, (D) cinq centimes par myria.

Fil de lin et de chanvre retors, propre à coudre ou à faire des bas. (B)........   1   5

Fil simple   10

Foin, par le pays de Gex. (C)

le chariot.....................   10

la charette.................•....   5

Forces à tondre les draps, (B) pièce.....   3

Fouets , comme harnais de luxe. (B)

Fromages. (C).................   5

Fustel en feuilles ou branches..........   1

G

Gommes. (B)   5

Goudron pour l'Espagne, par Bayonne et Saint-Jean-de-Luz, aux mêmes conditions que les brais gras. (D)

Graines d'Avignon, ou grainettes et graine jaune d'usage en teinture..........   5

Graine de jardin. (A   1   10

Graine de mil ou millet, comme graine de jardin. *Lettre du ministre, du* 27 *vendémiaire an* 7.

Graine de trèfle, (D) 50 centimes par myriagrame.

Gravelle ou tartre de vin.............   3   10

Grenadier. (*Ecorce de*).............   1   5

Grignon, comme amurca. (A)

H

Harnais de luxe, (C) demi pour cent de la valeur.

	l.	s.
Herbe de maroquin...............	1	10
Herbes propres à la teinture, non dé-nommées dans le chapitre des droits d'entrée, et dans celui des droits de sortie....................	5	
Houates de coton. (B)......	20	
Houblon...................	2	10
Huiles de graines, par les départemens réunis, que l'exportation se fasse par mer ou par terre, ou par les frontières de terre. (C)..................	1	5

(*Par les départemens qui bordent le Rhin, le même droit. Décision du 16 fructidor an 7.*)

	l.	s.
Huiles de graines, par les autres dépar-temens, et huiles de noix et de farine. (B)....................	5	
Huiles d'olive et d'amande. (E).......	5	
Huitres fraîches, le mille en nombre...		10

I

	l.	s.
Indigo venu de l'étranger dans les deux mois précédens, en justifiant du paie-ment des droits d'entrée. (B).......	néant.	

Indigo venu des colonies. (Voyez Denrées Coloniales.)

L

	l.	s.
Laines filées, propres à tapisserie (B)..	10	
Laines filées, d'autre sorte. (B).......	25	
Laines non filées, étrangères, réexportées dans l'année de l'arrivée. (C).......	1	
Laiton ouvré, autrement qu'en planches. (C)....................	2	
Légumes verds et jardinage. (C)......	2	
Lie de vin....................	1	
Liége non ouvré. (C)...............	1	

Linon, comme toile. *Circulaire du 22 messidor an 8.*

M

	l.	s.
Malherbe, herbe pour la teinture......	1	
Mélasse. (C)...................	1	5

(*Cette perception ne concerne que les mé-lasses venues des colonies. Celles provenant des sucres raffinés en France, ne paieront que le droit de 15 cent. par 100 francs de valeur. Décision du 28 fructidor an 8.*)

	l.	s.
Mercerie. (C)...................		10

(*Celle uniquement composée de fer et acier, ne doit que moitié, d'après la loi qui réduit ainsi tous les ouvrages dans lesquels il n'entre pas d'autres matières. Circulaire du 3 Ther-midor an 7.*)

	l.	s.
Miel. (B)...................	1	5
Mil (Voyez Graine de mil.)		
Mousseline. (C)...............		10
Moutons dépouillés de leur laine, pour l'Espagne, (C) pièce...............	7	

	l.	s.
Mules et mulets, au-dessous d'un an, pour l'Espagne, (B) pièce.............	5	

(*Ils acquitteront le droit de sortie, quoi-que montés ou attelés, à l'exception de ceux venus de l'étranger, et sauf le remboursement sur ceux qui rentreront dans le délai de deux mois du jour de l'expédition. Loi du 9 flo-réal an 7, tit. 2, art. 6.*)

pour le Piémont et l'Helvétie, par le Mont-Terrible, aux mêmes conditions. (D)

N

Navets, comme légumes verds. *Circulaire du 22 messidor an 8.*

	l.	s.
Nerfs de bœufs et autres animaux....	4	10

O

Oignons, comme légumes verds. *Circulaire du 22 messidor an 8.*

	l.	s.
Os de bœufs, vaches et autre animaux.		10
Ouvrages de bijouterie, (C) demi pour cent de la valeur.		

(*Les diamans et pierreries n'étant assuje-tis, à la sortie qu'au droit de 15 centimes par 100 francs de la valeur, celui de demi pour cent, imposé sur les ouvrages de bijou-terie, ne doit être perçu que sur la valeur de la monture. Décision du 12 brumaire an 6.*

Les montres d'or et d'argent ne doivent que le même droit de 15 cent. par 100 fr. de valeur. Décision du 22 pluviose an 5.

Boites de montres font partie des ouvrages d'orfévrerie. Lettre au directeur de Besan-çon, du 15 ventose an 5.

Par ouvrages de bijouterie, on ne doit en-tendre que ceux dans la composition desquels les métaux précieux entrent comme matières principales. Ainsi, les candelabres, vases et ornemens de cheminée, composés de bronze, cuivre doré, etc., ni les piédestaux dorés qui ornent les pendules, n'appartiennent pas à cette classe. Les bronzes ne doivent que 50 cent.; les autres objets, que le droit de balance. Lettre au directeur de Rouen, 2 complémentaire an 5.)

	l.	s.
Ouvrages d'orfévrerie, (C) pour cent de la valeur...............	1	
Ouvrages en cuir, en maroquin et peaux maroquinées, et en souliers de femme, (C) demi pour cent de la valeur.		
en peaux, consistant en culottes, vestes gilets et gants, (C)......		10
Ouvrages en bronze. (C).........	10	
en acier et fer, (D) 5 centimes par myriagrame.		

l.   s.

P

Pain de navette, d'olliette, rabette, che-
nevis, lin et colza, le quintal. . . .   10

Papier ordinaire, (C) pour cent de la
valeur.   1

Papier fin et papier mousse, à cartier,
et aux trois lunes, (C) demi pour cent.

Parchemin neuf et brut.   6
(*Des bandes de parchemin ne sont point
sujètes à ce droit, quoique le parchemin soit
neuf.* Décision du 1 décembre 1791.

Passementerie (C)   10

Peaux passées en blanc ou mégie, bron-
zées ou chamoisées, (C) pour cent de
la valeur.   1

Peaux de loutre et peaux sauvagines, (non
apprêtées) (C) deux et demi pour cent.

Pierres à briquet et à fusil de chasse,
avant la prohibition, (C) pour cent. .   1

Planches, poutres et solives de pin, de
de dix pieds et au-dessous, sortant pour
l'Espagne, par St.-Jean-de-Luz et Port-
Vendre, accompagnées d'un certificat
justificatif qu'elles ne sont pas propres
au service de la marine, et d'une soumission de rapporter certificat d'arrivée
du Consul français. (C) Les planches,
le mille en nombre.   6   5
Les poutres, deux sols six den. pièce.
Les solives, six deniers pièce.

Plâtre, le muid du poids de 3200 liv.
(B)   1

Plomb ouvré. (C)   2   10

Poisson frais. (C) . . . . *néant.*

Poissons de toute autre sorte, exportés
par terre. (C)   10
par mer, le même droit. *Loi du 2
nivose an 7.*

Pompes à incendies, comme ouvrages en
fer, acier, etc., différens métaux entrant
dans leur composition. *Lettre au directeur
de Besançon, du 29 pluviose an 5.*

Poudre à poudrer, (C) le quintal   1

Q

Quincaillerie. (C)   10

R

Redoul ou rodoul. (*Feuilles de*).   15
Résine pour l'Espagne. (C)   5
Rubans. (C)   10

S

Selles de luxe, (C) demi pour cent de
la valeur.

Sirops mélasses. (Voyez Mélasses.)

---

l.   s.

Soies cuites, propres à faire de la tapis-
serie, (B) la livre net.   10
Soufre. (C).   10
Sucre rafiné et candi. (C).   10
Sumac. (B).   5

T

Tabac en feuilles, par les départemens
du Rhin. (C)   15
par les autres départemens. (C). . .   5
fabriqué par tous les départemens.
(C).   5
Tabac en côtes, comme tabac en feuilles.
Lettre du ministre, du 17 prairial an 5.
Térébenthine en Pâte. (C).   5
Terre de marne, la charetée de 4 milliers
pesant. (B)   3
Terre de pipe, le lest du poids de 4
milliers. (B).   10
Toiles. (C).   10
Tournesol ou morelle en drapeaux. . . .   1   10

V

Vaches, pour l'Espagne, (C) pièce . . .   15
pour le piémont et la partie de l'Helvétie qui confine au Mont-Terrible,
le même droit. (D)
Veaux de six mois et au-dessous, (B)
pièce   10
Vermicelli   1   5
Viande fraîche, salée et fumée. (C). . .   10
Vin, les 2 kectolitres 74 litres, corres-
pondant au muid de 144 pots, faisant
288 pintes, mesure de Paris.
Exportation par mer,
par Bayonne et Saint-Jean de Luz.   1
par les rivières de Garonne et Dordo-
gne, lorsque la valeur du tonneau
excède 200 francs. (C)
le rouge   7
le blanc   4
par les mêmes rivières , lorsque la
valeur du tonneau n'excède pas 200
francs. (C)   10
Par la Charente-Inférieure et la Ven-
dée :
rouge.
blanc.   10
par la Loire-Inférieure :
rouge ou même blanc, autre que du
crû de ce département.   2
blanc, du crû de ce département.   10
par l'Océan , depuis la rivière de
Vilaine inclusivement, jusqu'à Anvers
aussi inclusivement.   7
par les Bouches-du-Rhône et le Var .   1   10
les Alpes maritimes. (B).   1   10
Vin, par l'Hérault et les Pyrénées orientales.   2

A l'exportation par terre.

	liv.	s.
de Lille à la ligne du Rhin..........	7	
par le Haut et le Bas-Rhin.......	1	5
par les nouveaux départemens qui ont le Rhin pour limite, le même droit.		
Arrêté du 5 fructidor an 6.		
par la Haute-Saône, le Doubs et le Jura	.	10
l'Ain, le Léman, le Mont-Blanc, Hautes et Basses-Alpes........	1	
l'Arriège et les frontières d'Espagne.	1	10
Vin muscat, par les mêmes départemens et frontières.................	6	

A l'exportation par mer ou par terre indistinctement.

	liv.
Vin de liqueur de toute sorte..........	6
Vin en bouteilles ou en doubles futailles.	7
Vin dans des futailles emballées ou à double fond. (A).......................	7
Vinaigre, comme le vin, d'après les distinctions admises pour les bureaux de l'exportation.	
Vinaigre de bierre, par les départemens compris dans la loi du 9 vendémiaire an 4, correspondant à celui du Nord, (A) les deux hectolitres 74 litres......	2
Vitriol. (B)	2

DROIT de magasinage.

Les propriétaires des marchandises qui, à défaut de déclaration détaillée, ont été déposées dans le magasin de la douane, sont tenus d'un droit particulier de magasinage d'un pour cent de la valeur. *Décision du 4 germinal an 2, titre 2, article 9.*

Le droit n'est que de demi pour cent sur les objets déchargés par suite d'un relâche forcée, et rechargés, faute de vente. *Article 6.*

Le même droit de magasinage, d'un pour cent de la valeur, est dû sur les marchandises prohibées, provenant de prises faites sur l'ennemi, ou de confiscation, après trois mois d'entrepôt. *Lettre du ministre, du 28 floréal an 8.*

Droits établis ou changés, à quelle époque sont-ils perceptibles ?

Les droits de douane et de navigation sont perceptibles du jour où les préposés ont connaissance que la loi qui les fixe a été reçue par le préfet du département.

Ils doivent être perçus, d'après les lois existantes, à l'époque de la déclaration précédée de l'arrivée.

Ainsi, la marchandise déclarée avant la promulgation d'une loi qui en a augmenté le droit, n'est sujette qu'à l'ancien droit, quoique le déchargement et la vérification soit postérieurs.

De même, une marchandise qui n'a été déclarée qu'après la promulgation d'une loi qui en augmente le droit, doit le droit augmentatif, lors même que le bâtiment sur lequel elle se trouve, serait arrivé dans le port antérieurement à cette promulgation.

La même règle est applicable aux droits de navigation : ils sont dus de l'époque de la déclaration, quoique la jauge, qui peut operer des changemens dans la perception, ait été différée.

Le droit sur une marchandise qui jouit de l'entrepôt, est celui existant au jour de sa déclaration pour la consommation, ou de l'expiration du délai d'entrepôt.

Il est dû sur une marchandise saisie, non du jour où la main-levée en a été accordée, mais de celui auquel elle a été retirée.

Une marchandise expédiée par acquit-à-caution, qui reste dans l'intérieur, doit le simple ou le double droit existant à l'époque où l'acquit-à-caution a été délivré.

Si un bâtiment, forcé d'entrer dans un port de France, autre que celui de sa destination, y est retenu par un embargo qui l'empêche d'arriver avant une augmentation de droits qu'il n'aurait pas éprouvée sans l'embargo, on ne peut exiger sur son chargement que les droits existans à l'époque où il serait arrivé à sa destination, sans l'embargo. *Décision conforme à ce principe, du 7 ventose an 5.*

Marchandises avariées.

S'il est reconnu qu'une marchandise ait souffert des avaries, le propriétaire est admis à donner une déclaration de sa valeur actuelle, d'après laquelle, si la marchandise doit à l'estimation, on percevra les droits sur la déclaration, ou on usera de la faculté de retenue. Si les droits sont dûs au poids ou au nombre, ils seront réduits dans la proportion de la perte qu'aura éprouvée la marchandise, et par comparaison avec son prix ordinaire. En cas de difficulté sur le prix ordinaire de la marchandise non avariée, il sera fixé par experts convenus entre les parties, ou nommés d'office. *Loi du 22 août 1791, titre 2, article 24.*

Si celui à qui elle est adressée en fait l'abandon par écrit, il est dispensé d'en payer les droits. *Loi du 22 août 1791, titre 1, article 4.*

Marchandises naufragées.

Les marchandises qui ont éprouvé une avarie par suite d'un naufrage, jouissent des réfractions de droits, accordées à toute marchandise avariée. *Loi du 22 août 1791, titre 7, article 5.*

Les marchandises qui doivent être accompagnées d'un certificat de fabrique d'un état avec lequel la République n'est point en guerre (comme toiles blanches et écrues, toiles peintes, etc.) sont, lorsqu'elles proviennent d'un naufrages, admises en payant une moité en sus des droits fixés par le tarif. *Loi du 1.er mars 1793, article 7.*

Celles dont la prohibition absolue à l'entrée était antérieure à la loi du premier mars 1793, sont admissibles en payant 25 pour cent de leur valeur. *Même article 7 de ladite loi.*

Sont exceptées de cette disposition les marchandises comprises dans l'article 5 de la loi du 10 brumaire an 5 (au sucre raffiné près.) Elles ne peuvent être vendues qu'à la charge de la réexportation. *Article 4 de ladite loi.*

Sont également exceptés les tabacs fabriqués grevés d'une prohibition absolue par la loi du 22 brumaire an 7, article 2.

Marchandises imposées à la valeur.

Le tarif impose plusieurs objets à tant pour cent de la valeur, et ce qui est omis au chapitre des droits d'entrée, acquitte à la valeur.

Le préposé doit percevoir le droit sur la valeur déclarée, ou retenir la marchandise, en annonçant qu'il paiera la valeur déclarée et le dixième en sus, dans les quinze jours qui suivront la notification du procès-verbal de retenue. *Loi du 4 floréal an 4, article 1.*

La retenue n'est soumise à d'autre formalité que celle de l'offre souscrite par le receveur du bureau, et signifiée au propriétaire ou à son fondé de pouvoirs. *Article 2.*

Armemens en course.

Les bœufs, lards, beurres et saumons salés, tirés de l'étranger pour ces armemens, jouissent de l'exemption de droits. *Décret du 19 février 1793, article 1.*

Marchandises de prises.

Le décret du 19 février 1793, une loi du 3 brumaire an 4, un arrêté du directoire, du 5 prairial an 5, et un des consuls, du 6 germinal an 8, contiennent des dispositions tendantes à prévenir le versement frauduleux de ces marchandises.

L'article premier de l'arrêté de prairial, ordonne que toute prise faite par un bâtiment de l'état ou de commerce, armé en course, ne pourra rester dans une rade ou aux approches d'un port, au-delà du temps nécessaire pour son entrée dans ce port.

Aussitôt l'arrivée du bâtiment dans le port, l'officier d'administration de la marine doit y apposer les scellés en présence du principal préposé des douanes, et du fondé de pouvoirs des équipages capteurs. *Arrêté de germinal, article 8.*

Le même officier peut vérifier les scellés apposés, recevoir et affirmer les rapports et déclations, entendre les témoins, inventorier les pièces et instruire, pourvu qu'il soit assisté, pour ces actes, desdits préposé et fondé de pouvoirs. *Même article.*

Les décisions du conseil des prises, exécutoires à la diligence des parties intéressées, ne peuvent l'être

qu'avec le concours et en la présence de l'officier de l'administration de la marine, du principal préposé des douanes, et du fondé de pouvoirs des équipages capteurs. *Article 14.*

Dans le cas d'avarie ou de détérioration de tout ou partie de la cargaison, l'administrateur de la marine, qui remplace le juge de paix, en doit ordonner le déchargement et la vente dans un délai fixé. Cette vente ne pourra cependant avoir lieu qu'après avoir été affichée dans le port de l'arrivée, et dans les communes et ports voisins. *Loi de brumaire an 4, article 9*; et qu'après avoir appelé le préposé des douanes et le fondé de pouvoirs. *Arrêté de germinal, article 15.*

Les déchargemens, emmagasinemens, inventaires, ventes et livraisons des objets de prises, ne peuvent se faire qu'en présence d'un préposé de douanes, coté à bord. *Loi de brumaire, article 16.*

Le préposé des douanes doit tenir à bord l'état détaillé des balles, ballots, futailles et autres objets mis à terre, ou chargés dans les chalands et chaloupes. Un double est envoyé à terre, d'où il est rapporté signé par le garde-magasin, pour valoir réception des objets y portés. *Article 19.*

Ces doubles, signés du surveillant de la marine, du préposé des douanes et du garde-magasin, sont déposés au contrôle de la marine. *Article 20.*

A mesure du déchargement des objets, il en est dressé inventaire, en présence d'un visiteur des douanes, qui en tient état et le signe à chaque séance. *Article 22.*

Les magasins qui, d'après l'article 5 du décret du 19 février 1793, doivent être fournis par l'armateur ou son représentant, sont fermés à trois clés, dont une est remise au visiteur des douanes. *Même article 22.*

La vente des marchandises de prises se fait en présence d'un receveur ou de tout autre préposé des douanes, lequel doit signer les procès-verbaux. *Article 28.*

Les droits dus sur les objets de prises, sont à la charge des acquéreurs, et seront toujours acquittés avant la livraison. Ils seront, à cet effet, annoncés et perçus par un préposé des douanes, sur le lieu même de la vente. *Article 32.*

Entrepôt et transit accordés aux marchandises de prises.

Ces marchandises jouissent d'un entrepôt de trois mois, à compter du jour de leur adjudication; pendant ce temps, elles peuvent être expédiées pour l'étranger, en exemption de tous droits.

(*Elles sont seulement sujètes à celui de la loi du 24 nivose an 5, de 5 sous par quintal, ou de 15 cent. par 100 francs de valeur.*) *Décret du 19 février, article 5.*

Il n'y a d'exception que pour la poudre à tirer qui, d'après l'article 32 du titre 2 d'une loi du 23 fructidor an 5, doit rester dans la République.

La réexportation par terre des marchandises de prises (à l'exception des liquides, qui ne peuvent être réexportés que par mer) est subordonnée à leur expédition, sous plomb et par acquit-à-caution, pour sortir par l'un des bureaux de Strasbourg, Bourg-Libre, Jougnes, le Boulou et Saint-Jean-pied-de-Port. *Article 7.*

Béhobie et Ainhoa ont été ajoutés par *décision du 27 fructidor an 6.*

Les douanes d'Anvers, Cologne, Mayence, Versoix et Genève se trouvent naturellement substituées à Halluin, Valenciennes, Maubeuge, Givonne, Thionville, Sarre-Libre, Collonges et Carouge, énoncées audit article 7, et supprimées depuis. *Circulaire du cinquième complémentaire an 6.*

On ne peut obtenir l'expédition par un bureau maritime, que par des considérations que le ministre des finances, auquel on doit s'adresser à cet effet, peut seul apprécier.

Les marchandises de prises, prohibées par la loi du 10 brumaire an 5, jouissent de ce transit; c'est une suite de ce qu'elle n'a pas rapporté la disposition du décret du 19 février, qui n'excluait de cette faveur que les liquides. *Décision du ministre, du 17 ventose an 5.*

Une lettre du 12 nivose précédent portait que ce transit ne pouvait être refusé aux marchandises permises à l'entrée, quoique la sortie en fût défendue.

Les marchandises non prohibées à l'entrée, provenant de prises amenées d'un port étranger, où on avait été forcé de les conduire, jouissent de l'entrepôt et du transit, en produisant un certificat du consul français dans le port étranger, indicatif du navire capturé, de celui qui a fait la prise, de la date de son entrée dans le port étranger, de la quantité et espèce de marchandises trouvées à bord, et une attestation du ministre de la marine sur la prise de son objet. *Décision du ministre des finances, du 17 thermidor an 5.*

L'attestation des administrateurs de la marine supplée celle du ministre. *Lettre du ministre des finances, du 16 floréal an 7,* d'après laquelle ces marchandises doivent être vendues publiquement et dans la même forme que celle amenées directement dans un port français.

Marchandises de prises non admises dans la consommation.

Les eaux-de-vie autres que de vin, et les sels peuvent seuls, quoique prohibés par le tarif du 15 mars 1791, être admis dans la consommation, quand ils proviennent de prises.

L'article 4 de la loi du 10 brumaire an 5, en exclut les marchandises comprises dans l'article 5, ordonnant qu'elles ne seront vendues qu'à charge de la réexportation.

(Excepté les sucres raffinés, dont la prohibition à l'entrée a été levée.)

Les tabacs fabriqués sont dans le même cas, depuis la loi du 22 brumaire an 7, qui n'excepte pas de la prohibition ceux provenant des prises. *Décision du ministre, du 26 nivose an 7.*

Ces diverses marchandises doivent être réexportées dans les trois mois de l'entrepôt. Le ministre l'a ainsi décidé, le 27 pluviose an 6; mais il accorde les prorogations de délai que les circonstances rendent nécessaires.

Marchandises de prises admissibles, à quelle époque doivent elles les droits et leur quotité?

A l'expiration des trois mois d'entrepôt dont jouissent les marchandises des prises, les droits en sont exigibles, quelque destination ultérieure qu'on leur donne. *Décret du 19 février 1793, art. 5.*

Celles tirées de l'entrepôt avant ce délai, sans destination pour l'étranger, acquitteront les droits à l'instant de cette extraction. *Idem.*

La restriction d'entrée de quelques espèces de marchandises (comme mousselines et toiles peintes) à certains bureaux, n'a point lieu à l'égard des marchandises de prises. *Art. 2.*

Les eaux-de-vie autres que de vin (comme rhum, tafias, eau-de-vie de grains) et le sel marin ou de salines, admis par l'article 6 dudit décret, quoique prohibés à l'entrée par le tarif de 1791, paient, d'après le même article; savoir, l'eau-de-vie, le droit dû sur l'eau-de-vie double, et le sel, 10 sous par quintal.

(*C'est le droit de la loi du 9 floréal an 7, et non du tarif du 15 mars 1791. Décision du 12 thermidor an 7.*)

Celles provenant de saisies doivent être renvoyées à l'étranger. Lettre au directeur d'Anvers, du 18 vendémiaire an 8.

Les droits sur les autres marchandises de prises, ne diffèrent de ceux perçus sur les mêmes marchandises venant de l'étranger, que pour les espèces suivantes :

Poissons de mer secs, marinés, salés ou fumés, ne doivent que 5 pour cent du prix de leur adjudication. *Décret du 19 mai 1793, art. 3.*

Poisson de mer frais participe à la même faveur. *Décision du 26 floréal an 7.*

Thé ne doit que le même droit. *Décret du 6 juillet 1793.*

Le chargement d'un navire français repris sur l'ennemi, et conduit directement dans un port de la République, est exempt de droits, en justifiant, par une copie certifiée, de la déclaration faite au bureau du départ, que les marchandises qui le composent sont sorties de la République. *Décret du 19 février, art. 9.*

Les navires de prises, leurs agrès et apparaux sont également exempts de droits. *Décret du 19 mai 1793, art. 5.*

Droit de garantie sur l'argenterie importée de l'étranger.

Les ouvrages d'or et d'argent venant de l'étranger, doivent, indépendamment du droit de douane, un droit particulier pour la garantie de leur titre. *Loi du 19 brumaire an 6, art. 23.*

En conséquence, ils doivent être déclarés et pesés au premier bureau d'entrée, d'où ils sont expédiés, sous plomb et par acquit-à-caution, pour le bureau de garantie le plus voisin. *Même article.*

Le droit de garantie, qui remplace celui de contrôle et de marque, est fixé à 20 francs par hectogramme d'or, et à un franc par hectogramme d'argent. *Art. 21.*

Les bureaux pour l'apposition du poinçon ET, et la perception du droit sur les ouvrages venant de l'étranger, sont ceux établis dans les communes ci-après : Anvers, Maëstricht, Ruremonde, Liége, Luxembourg, Metz, Sarguemines, Strasbourg, Colmar, Montbéliard, Dijon, Besançon, Lons-le-Saulnier, Chambéry, Gap, Digne, Nice, Toulon, Marseille, Montpellier, Perpignan, Carcassonne, Foix, Tarbes, Pau, Bayonne, Bordeaux, la Rochelle, Fontenai, Nantes, Vannes, Quimper, Brest, Port-Brieux, Port-Malo, St.-Lo, Valogne, Caen, Rouen, le Havre, Dieppe, Amiens, Arras, Saint-Omer, Lille, Dunkerque, Bruges. *Arrêté du directoire exécutif, du 27 pluviose an 7.*

A défaut de rapport de l'acquit-à-caution, on doit décerner contrainte, conformément à l'article 12 du titre 3 de la loi du 22 août 1791, contre le soumissionnaire, pour le paiement du double droit de garantie. *Lettre du ministre des finances, du 12 germinal an 7.*

Le droit est dû sur les vieux ouvrages, à moins qu'on ne consente à les briser au premier bureau des douanes, en présence des préposés. *Autre lettre du ministre, du 12 prairial an 7.*

Objets exempts du droit de garantie.

1°. Les ouvrages d'or et d'argent appartenant aux ambassadeurs et envoyés des puissances étrangères.

2°. Les bijoux d'or à l'usage personnel des voyageurs, et les ouvrages en argent servant également à leur personne, pourvu que le poids n'excède pas en totalité cinq hectogrammes. *Loi du 19 brumaire, article 23.*

Restitution d'une partie du droit de garantie sur les ouvrages exportés.

Les ouvrages d'or et d'argent, fabriqués en France, qui passent à l'étranger, jouissent du remboursement de deux tiers du droit de garantie qu'ils ont acquitté, pourvu que l'exportation ait lieu par les bureaux désignés. *Art. 25, 26 et 27.*

(Les bureaux de terre sont Pas-de-Béhobie, Ainhoa, Turnhoult, Cologne, Mayence, Coblentz, Strasbourg, Bourg-Libre, Pontarlier, Versoix et Lans-le-Bourg.)

Ceux de mer, Bayonne, Bordeaux, la Rochelle, Nantes, Port-Malo, Rouen, le Havre, Volery-sur-Somme, Boulogne, Calais, Dunkerque, Ostende, Anvers, Nice, Toulon, Marseille, Cette et Agde. Arrêtés des 5 frimaire et 23 pluviose an 7.

Les ouvrages trouvés sortant sans la marque de garantie doivent être saisis. Lettre du ministre, du 18 thermidor an 8.

On excepte les fabrications de Genève, que l'article 8 du traité de réunion dispense du régime de garantie.

Les expéditions doivent être accompagnées d'une déclaration descriptive faite au bureau de garantie, où le droit a été acquitté, certifié par les préposés de ce bureau.

Ces déclarations et certificats, légalisés par les administrations municipales, et à Paris, par les administrateurs des monnaies, sont présentés à la douane de sortie, où, après une confrontation exacte, l'exportation est constatée par les receveurs et autres commis.

Le *visa* du directeur, dans l'arrondissement duquel se trouve le bureau de sortie, et le sceau de l'administration des douanes, complettent les formalités exigées pour le remboursement que fait la régie de l'enregistrement chargée de la perception du droit de garantie. *Lettres du ministre, des 22 nivose et 23 germinal an 7.*

Droit de fabrication restitué sur le tabac fabriqué exporté.

Les tabacs sont assujétis, à la fabrication, à un droit de quatre décimes par kilogramme pour le tabac en poudre et en carotte, et de vingt-quatre centimes pour celui à fumer et en rôle. *Loi du 22 brumaire an 7, art. 5.*

Ceux fabriqués en poudre et en carotte, qui passent à l'étranger, jouissent du remboursement des deux tiers de ce droit. *Art. 20.*

(L'exportation doit s'effectuer par terre, par l'un des bureaux de Cologne, Coblentz, Mayence, Worms, Spire, Strasbourg, Bourg-Libre, Bienne, Pontarlier, Morez, Versoix, Genève, Lans-le-Bourg, Pas-de-Béhobie, Ainhoa, le Boulou, Mont-Libre et Ax.)

Par mer, par Saint-Jean-de-Luz, Bayonne, Bordeaux, Rochefort, la Rochelle, Nantes, l'Orient, Brest, Port-Malo, Cherbourg, Honfleur, Rouen, le Havre, Dieppe, Valery-sur-Somme, Boulogne, Calais, Dunkerque, Ostende, Anvers, Antibes, Nice, Toulon, Marseille, Cette, Agde et Port-la-Victoire. Arrêtés du directoire exécutif, des 11 nivose et 23 pluviose an 7.

Ceux

Ceux à fumer participent à la même faveur. *Loi du 9 prairial an 7.*

L'expédition doit être accompagnée d'un certificat d'origine de la manufacture, délivré par le fabricant, visé par l'administration de canton et le receveur du droit d'enregistrement, et déchargée à la sortie par les préposés des douanes. *Art. 21 et 22.*

(*Cette attestation, qui ne se délivre que lorsque le certificat est revêtu de tous les visa requis, doit être signée du receveur, de tous les commis du bureau, et d'un préposé de la brigade.*) Circulaires de la régie des 7 frimaire et 23 nivose an 7.

Le certificat d'origine, visé ensuite par l'administration du canton ou par l'agent de la commune où est situé le bureau de sortie, ou son adjoint, est remis au directeur de l'enregistrement du département dans lequel se trouve le bureau de recette où la taxe a dû être acquittée. Le directeur transcrit à la suite du *visa* son ordonnance de restitution de droit, d'après laquelle le receveur qui a perçu le prix de la taxe, effectue le remboursement de la prime qui, dans aucun cas, ne peut excéder les deux tiers. *Articles 23, 24, 25 et 26.*

Isles françaises en Europe exceptées du régime des douanes.

Isle-d'Yeu, Belle-Isle, Ouessant, Mollenne, Hédic et Isle-des-Saints.

Ces îles ne sont point sujètes aux droits du tarif. *Décret du 22 juin 1791.*

Leurs habitans peuvent néanmoins introduire, en exemption de droits, les sels et les produits de leur pêche, et recevoir les bois nécessaires à leur consommation. *Même décret.*

L'article 5 du titre premier de la loi du 4 germinal an 2, a ajouté à cette exemption celle des autres denrées et productions du sol desdites îles. Cet article porte encore qu'il ne pourra en être importé aucun objet manufacturé, tant qu'il ne sera pas justifié qu'il existe dans lesdites îles, des manufactures reconnues par le corps législatif, dont lesdits objets manufacturés sont le produit.

Isles de Groix, de Bouin, de la Crosnière et de Noirmoutiers.

La perception des droits de douane a lieu à l'entrée et à la sortie des iles de Groix, de Bouin, de la Crosnière et de Noirmoutiers; et, cependant, pour empêcher qu'elles servent d'entrepôt à des productions étrangères, qu'il serait facile d'y débarquer frauduleusement, les habitans desdites îles peuvent seulement apporter, en exemption de droits, dans les ports de France, les produits de leur culture et de leur pêche. Toute autre importation serait traitée comme étrangère, si elle n'était accompagnée d'un acquit des droits payés à l'entrée desdites îles. *Décret du 22 juin 1791, art. 1.*

Ils peuvent encore importer, en exemption, les autres denrées et productions de leur sol, mais non des objets manufacturés. *Loi du 4 germinal, titre I, article 5.*

Isle de Corse.

L'article 4 du titre premier de la loi du 4 germinal an 2, voulait que les bâtimens étrangers et les bâtimens français venant de l'étranger ne fussent point admis dans l'ile de Corse.

Si cette disposition avait été exécutée, on aurait dû exempter de droits, conformément à l'article 5 du même titre, les denrées et productions du sol et de la pêche de cette ile; mais la Corse ayant conservé toute liberté dans ses communications avec l'étranger, elle doit être traitée, quant aux droits de douane, comme l'étranger effectif.

En attendant qu'il soit statué sur la question de savoir si la Corse sera soumise au régime des douanes françaises, on continue de percevoir des droits sur ses relations avec l'étranger et sur celles avec la France.

L'administration des douanes a été chargée d'en diriger la perception, en même-tems qu'elle ferait exécuter dans cette ile les dispositions relatives à l'acte de navigation. *Arrêté du directoire, du 5 fructidor an 6.*

Nations étrangères qui jouissent de quelques faveurs.

Duché de Berg.

Les rubans de fil et de laine, les étoffes de fil et coton et les ouvrages de quincaillerie et mercerie de ces manufactures ne doivent que 10 pour cent de la valeur. *Loi du 6 fructidor an 4, art. 1.*

(*On ne doit considérer comme mercerie et quincaillerie, que les objets dénommés dans ces classes au tarif.*)

Cette valeur doit être constatée par des factures accompagnant les envois des marchandises, énonciatives du prix de chaque article, et certifiées véritables; savoir : pour les rubans et étoffes de fil et coton, par le président du corps de commerce d'Elberfeld, et pour les objets de quincaillerie et mercerie, par les magistrats de Remscheid et de Sohlingen. *Art. 2.*

Les droits sont perçus sur le vu des factures certifiées, sauf aux préposés aux douanes à exercer la retenue des marchandises, en payant la valeur déclarée et le dixième en sus. *Art. 3.*

République cisalpine.

D'après la loi du 27 ventose an 6, sur le traité de commerce passé le 3, entre les républiques française et cisalpine, article 1 et 3, toute marchandise du crû ou de la fabrique de la république cisalpine, pouvait entrer en France, nonobstant les prohibitions, en payant au plus 6 pour cent de la valeur.

L'exécution de ce traité est suspendue depuis l'époque à laquelle ce territoire fut occupé par l'ennemi. *Décision du 2 messidor an 7.*

République helvétique.

Les priviléges accordés à cette nation, par l'édit de décembre 1781, subsistent toujours.

Le bureau de Versoix a été substitué à celui de

E

Longeray, pour la présentation des marchandises et leur vérification. *Lettre au receveur de Virsoix, du 17 frimaire an 3, et au directeur à Besançon, le 28 pluviose an 8.*

Toiles de coton blanches importées pour être réexportées après l'impression.

Les entrepreneurs des manufactures de toiles peintes, établies au 7 septembre 1792, dans les départemens des Haut et Bas-Rhin, qui ont acquitté les droits d'entrée sur des toiles de coton blanches qu'ils ont tirées de l'étranger, par les bureaux de Strasbourg et Bourg-Libre, pour être peintes dans leurs manufactures, jouissent du remboursement des droits sur celles qu'ils réexportent après cette main-d'œuvre. *Loi du 7 septembre 1792, art. 10.*

A condition que les toiles seront, au moment de leur introduction, déclarées pour celle des manufactures à laquelle elles seront destinées, pesées et aunées par les préposés des douanes, et marquées à la rouille aux extrémités de chaque pièce, et à toute autre partie que les négocians desireront. *Art. 11.*

Le remboursement des droits acquittés ne pourra s'effectuer qu'autant que ces toiles n'auront pas changé de mains ; que la réexportation en sera faite dans l'année par le bureau par lequel elles auront été importées ; qu'elles auront la marque prescrite par l'article ci-dessus, et qu'elles seront accompagnées de l'acquit de paiement des droits d'entrée, lequel sera émargé à chaque expédition par le receveur et le contrôleur, pour les quantités et poids dont la sortie aura été constatée. *Art. 12.*

Le remboursement est effectué par le receveur qui a perçu, sur le *visa* du directeur. *Art. 13.*

Le manufacturier peut obtenir crédit du droit, en fournissant à l'administration municipale (substituée au directoire de district) une caution en immeuble libre et exempte de tout hypothèque. La somme de crédit peut être des deux tiers du cautionnement, c'est-à-dire, de 20,000 fr., lorsque l'immeuble hypothéqué est estimé 30,000 fr. *Art. 14.*

Le crédit est d'un an, à l'expiration duquel les droits dus sur les toiles qui n'auront pas été réexportées teintes ou imprimées dans ces manufactures, seront acquittés. *Même article.*

Le manufacturier qui a un immeuble dans le département de la Seine, est reçu à fournir son cautionnement devant l'administration des douanes.

Les imprimeurs en toiles, établis à Bienne, jouissent des mêmes faveurs. *Décision du 12 thermidor an 6.*

Les entrepreneurs des manufactures de toiles peintes, existantes, en prairial an 4, dans les départemens de la Lys, de l'Escaut, des Deux-Nèthes et de la Dyle, sont seulement tenus de consigner le tiers des droits d'entrée sur les toiles de coton blanches qu'ils tirent de l'étranger par les bureaux d'Ostende et d'Anvers, pour être peintes dans ces manufactures et réexportées à l'étranger, à la charge, 1°. de donner soumission cautionnée de payer le surplus des droits à l'expiration de l'année, à défaut de réexportation dans

ce délai ; 2°. que ces toiles seront, lors de leur introduction, déclarées pour la manufacture à laquelle elles sont destinées, pesées, aunées et marquées à la rouille aux extrémités de chaque pièce, et à toute autre partie que les négocians désireront. *Arrêté du 25 prairial an 4, art. 1 et 2.*

Le droit perçu sur les toiles de coton blanches, entrant à Genève pour être imprimées dans cette ville ou sur son territoire, doit être remboursé lors de leur exportation, à la charge de remplir les formalités prescrites en pareil cas. *Loi du 28 floréal an 6, art. 9.*

Retour de l'étranger.

Le commerce jouit de la faculté de faire revenir de l'étranger, en exemption de droits, les marchandises françaises qui n'ont pu y être vendues, pourvu que l'origine nationale puisse être reconnue, soit par des marques de fabrique, soit par des caractères inhérens de cette origine.

Les linons batiste sont admis sans marque, parce qu'il est reconnu qu'il ne s'en fabrique qu'en France.

Il en est de même des dentelles de point d'Argentan et d'Alençon, et par le même motif. *Décision du 6 juillet 1791.*

La demande de retour doit être formée au ministre des finances ; il faut joindre à la pétition l'extrait légalisé du registre d'envoi portant facture et l'acquit de sortie.

Cette faveur ne peut avoir lieu pour ce qui n'est pas susceptible de marques.

Elle a été refusée pour des vins et liqueurs, attendu qu'étant susceptibles de mélanges et de contrefaction, leur origine nationale ne peut être constatée. *Décision du 7 frimaire an 6.*

Par exceptions particulières, le retour en franchise est accordé aux vases de cuivre nommés estagnons, dans lesquels on renferme les essences expédiées pour l'étranger. Il suffit de représenter l'acquit de sortie, contenant la désignation de leurs poids et grandeur, et la réserve de les faire revenir. *Décision du 2 brumaire an 6.*

Aux bouteilles de verre ayant servi à l'exportation de l'huile de vitriol. *Décision du 17 floréal an 6.*

Aux bouteilles de verre exportées de Genève, pleines d'eau minérale artificielle. *Décision du 2 vendémiaire an 7.*

Il est des retours obligés ; celui des futailles que l'on ne laisse sortir vides, pour la pêche de la baleine, que sous la soumission de les faire rentrer pleines.

Productions des colonies françaises d'Amérique.

Les denrées et productions des crû et sol des colonies françaises de l'Amérique, sont exemptes de tous droits d'entrée et de consommation en France. *Décret du 11 septembre 1793, art. 2.*

Mais les divers droits qui étaient perçus, soit dans les colonies, soit en France, sur lesdites denrées et productions, étaient exigibles pour leur exportation de France à l'étranger, par terre ou par mer, sur des bâtimens étrangers. *Art. 3.*

La loi du 24 nivose an 5 a commué ces droits de sortie en un droit unique d'un et demi pour cent de la valeur sur les sucres, cacaos, cafés et indigos, provenant des colonies françaises, et exportés par terre ou sur bâtimens français.

Exportés sur bâtimens étrangers, le cacao, le café, l'indigo et les sucres têtes et terrés doivent cinq pour cent de la valeur; le sucre brut, dix pour cent.

Le délai dans lequel ces productions peuvent sortir est d'un an, à compter du jour du déchargement.

MARCHANDISES provenant du commerce français au-delà du cap de Bonne-Espérance.

(*Pour connaître en quoi consistait, à l'époque de la révolution, le commerce du Levant, de l'Inde, des colonies françaises d'Amérique, et celui aux côtes d'Afrique, voyez l'ouvrage imprimé à ce sujet chez Bailleul.*)

Production des îles de France, de la Réunion et de Mozambique.

Les denrées et productions des crû et sol desdites colonies, sont exemptes de tous droits d'entrée et de consommation en France. *Décret du 11 septembre 1793, art. 2.*

Pour jouir de l'exemption, elles doivent être accompagnées de certificats d'origine, délivrés par les administrateurs desdites colonies. *Art. 6.*

Celles pour lesquelles on ne représente pas, lors de la déclaration, ces certificats, sont traitées comme étrangères. *Loi du 6 juillet 1791, art. 17.*

Les droits de sortie sur ces productions, sont les mêmes que ceux fixés sur les denrées des colonies d'Amérique.

Marchandises de l'Inde.

Les étoffes de soie, ou dans lesquelles il en entre, et celles d'écorces d'arbres ont seules été prohibées par la *loi du 15 mars 1791, art. 5.*

Les basins et cotons filés, par la *loi du 10 brumaire an 5.*

Celles exemptes des droits d'entrée, sont les coquilles de nacre ou nacre brut, dents d'éléphant, écaille, étain de Malach, rotins. *Loi du 15 mars 1791, art. 1.*

Toiles rayées et à carreaux, et guinées bleues, destinées au commerce permis d'Afrique. *Art. 9.*

Celles sujètes à des droits d'entrée particuliers, sont ci-après :

A

	liv.	s.
Aloës, le quintal	2	

(*Lorsqu'il n'est pas énoncé que le droit est dû à la pièce ou la livre, il faut le percevoir au quintal.*)

Le droit est dû au poids brut, quand il n'est point exprimé qu'il est perceptible au net.

Ambre gris, la livre net	7	10
Anis étoilé, ou badiane des Indes	2	10
Antolphe de girofle. (*Voyez* Girofle.)		

	liv.	s.
Assa fœtida	1	10

B

Bambous	20	
Benjoin	5	
Borax	1	10

C

Cabarets de la Chine	20	
Cachou	6	
Camphre	3	
Canelle de Chine	9	
Cannes ou joncs non montés	20	
Cassia lignæa	6	
Coton filé, s'il n'était pas prohibé, la livre.	12	

E

Ecrans de la Chine	20	
Encens	2	10
Encre de la Chine	20	
Esquine. (*Voyez* Squine.)		
Eventails de la Chine	20	

F

Filières de nacre. (On nomme ainsi une branche de perles enfilées.)	20	

G

Galbanum	2	
Girofle	25	
Gomme ammoniaque	1	10
Gomme arabique		10
Gomme copale, laque en feuille	3	
Gomme gutte	10	
Guinées bleues	75	

J

Joncs. (*Voyez* Cannes.)

L

Linge de table et de lit, de coton ou de fil et coton	50	

M

Mouchoirs de coton, rayés ou à carreaux, et mouchoirs blancs à bordures de couleur	200	
Mousseline unie, rayée ou cadrillée	150	
brodée	200	
Muscade, la livre net, 6 sous 8 deniers.		

N

Noix vomique		10
Nankin, la pièce de quatre à cinq aunes.		10
d'un aunage supérieur, le quintal.	37	10

O

Ouvrages vernis	20	

P

Plateaux de Chine	20	
Poivre	5	
Porcelaine bleue et blanche	9	
d'autre couleur ou dorée	25	

R

Rhubarbe	9	
Roses de Provins	2	10

	liv.	s.
S		
Sagou	5	
Soie écrue de Nankin, et soie de Bengale, la livre net	5	
Soie à coudre, crue, la livre net	10	
Soie teinte, la livre net	10	
Squine	1	10
Sucre candi	20	
T		
Tamarin	1	5
Thé	5	
Toiles de coton unies	37	10
Toiles peintes	135	
Toiles rayées et à carreaux	75	

Les marchandises non dénommées ci-dessus doivent les droits portés par le tarif gnéral. *Loi du 15 mars 1791, art. 7.*

Les guinées bleues, mouchoirs, mousselines, toiles de coton, toiles rayées et à carreaux, entreposées à l'Orient et à Toulon, jouissent, à la réexportation par mer, de la restitution de la moitié des droits acquittés. *Loi du 15 mars 1791, art. 8.*

Si des toiles de coton unies avaient été déclarées pour être imprimées à la destination du commerce d'Afrique, elles jouiraient de la restitution du droit acquitté après qu'il aurait été justifié qu'elles ont été imprimées en France, réintégrées en entrepôt, et embaquées pour la côte d'Afrique *Art. 9.*

Marchandises provenant des retours du commerce français au Levant et en Barbarie.

Marchandises exemptes.

Toiles de coton blanches destinées pour le commerce d'Afrique. *Décret du 19 mai 1793.*

2°. Toutes les marchandises qui, ayant été entreposées dans le port d'arrivée, seront exportées, par terre ou par mer, dans les dix-huit mois de l'entrepôt. *Loi du 11 nivose an 3, art. 3.*

Marchandises sujètes aux droits.

Celles destinées à la consommation doivent les droits du tarif général, excepté les toiles de coton blanches qui ne paient que 20 fr. par quintal, et le café moka 12 fr. *Loi du 29 juillet 1791, art. 7.*

Les cotons filés n'étaient, d'après cet article, sujets qu'au même droit de 20 francs avant la prohibition portée par la loi du 10 brumaire an 5.

Tarif des droits de navigation, d'après le décret du 27 vendémiaire an 2.

(*Ces droits doivent continuer d'être perçus dans les bureaux des douanes des principalités de l'Ecluse, Saas-de-Gand et Anvers, et les capitaines et maîtres des navires, tenus d'y faire la représentation des manifestes de leur chargemens, sous les peines portées par les réglemens, notamment par la loi du 4 germinal an 2. Arrêté du premier pluviose an 7, art. 2.*)

L'exécution de ladite loi et de l'acte de navigation a été ordonnée pour l'île de Corse, par arrêté du 5 fructidor an 6, qui a chargé l'administration des douanes d'établir à cet effet un nombre suffisant de préposés.

Acte de francisation.

	fr.	c.
Un bâtimens jusqu'à 100 tonneaux inclusivement, *Article 26*	9	
De 100 tonneaux jusques et y compris 200. *Même article*	18	
De 200 tonneaux et au-dessous de 300. *Même article*	24	
De 300 tonneaux et au-dessus, 6 francs de plus par chaque cent tonneaux. *Même art.*		
L'inscription, au dos de cet acte, de la vente de partie du bâtiment. *Article 17*	6	

(*Le changement de propriétaire ne donne point lieu à un nouvel acte de francisation ; on inscrit seulement la vente au dos de cet acte.*)

Cette inscription ne doit avoir lieu qu'autant que la vente est passée devant un officier public, ou devant un tribunal de commerce. Décision du 26 pluviose an 7.

Celle faite par un courtier n'est pas valable. Décision du 22 brumaire an 7.

Le changement de nom d'un bâtiment résultant d'une dénomination proscrite dans le régime républicain, doit être annoté, sans frais, au bas de l'acte de francisation, en fixant son rapport avec le navire, par un certificat énonçant le nom substitué. Décision du 6 ventose an 7.

On ne doit que le même droit, quoique le bâtiment soit vendu en totalité, parce qu'il n'y a qu'un endossement.

Si on vendait le navire en quatre portions distinctes, comme il y aurait quatre endossemens, il serait dû autant de 6 fr.

Celui qu'un héritage rend propriétaire d'un bâtiment doit, quoiqu'il n'y ait pas de vente, acquitter le même droit de 6 fr., parce qu'il y a mutation de propriété, qui doit être inscrite au dos de l'acte de francisation. *Décision du 2 germinal an 7.*

Si, lors d'une seconde vente ou transmission de tout ou partie d'un bâtiment, on reconnaissait que la vente ou transmission antérieure n'aurait point été inscrite au dos de l'acte de francisation, il faudrait faire payer, avec le second droit, le premier non acquitté. *Lettre du 12 vendémiaire an 6.*

Congé.

	fr.	c.
Pour un bâtiment non ponté. *Article 6* . .	1	
Un bâtiment ponté au-dessous de 30 tonneaux. *Même article*	3	
Un bâtiment ponté de 30 tonneaux et au-dessus. *Article 26*	6	

(*Les congés des bâtimens de 30 tonneaux et au-dessus, devant, d'après l'article 11, être renouvellés à chaque voyage, le voyage n'est censé fini que par le retour du bâtiment dans le port où le congé a été délivré. Dans les autres, on doit se borner à viser le congé.* Lettre de la régie, du premier floréal an 4.)

Les congés délivrés aux armateurs d'Ostende et de Dunkerque pour les bâtimens servant à la pêche, vaudront pendant un mois, quel que soit le nombre d'expéditions faites pendant ce temps. Décision du 22 prairial an 5.

Il en sera de même pour les congés des autres bâtimens employés à la pêche. Décision du 27 nivose an 8.

La durée des congés des bâtimens non pontés de la rivière de Seine, quoiqu'au-dessus de 30 tonneaux, qui, par leur construction, ne peuvent aller en mer, sera d'une année, et le droit d'un franc seulement. Décision du 18 germinal an 8.

Passe - port.

fr. c.

Passe-port nécessaire à un bâtiment étranger, par assimilation à un certificat.
    Article 37   1

(Le passe-port est un permis de mettre en mer, dont l'objet est de faire connaître que le bâtiment étranger sort d'un port de France, et y a présenté les pièces justificatives de son origine.)

Aucun bâtiment étranger ne peut sortir d'un port français sans cette expédition. Il doit en être délivré même aux capitaines des bâtimens en relâche, à moins que, pour le même voyage, ils n'en aient déjà pris dans un port de France ; auquel cas, on doit se borner à viser ce dernier.

Les passe-ports se délivrent sans cautionnement. Le préposé doit expédier un acquit de paiement, et faire mention sur la souche restante de cette délivrance et des droits perçus.

Droit de tonnage.

Bâtimens sujets à ce droit, et sa quotité par tonneau.

Un bâtiment français au-dessus de 30 tonneaux, venant d'un port français sur l'Océan, dans un autre port sur l'Océan, ou d'un port français sur la Méditerranée, dans un autre sur la Méditerranée, doit, *art. 30*, 15 centimes.

Venant d'un port français sur l'Océan, dans un sur la Méditerranée, et reversiblement. *Même article*, 20 centimes.

Venant des colonies et comptoirs des français en Asie, en Afrique, en Amérique, dans un port de France, *art. 31*, 30 centimes.

Tout bâtiment étranger venant dans un port de France, *art. 33*, 2 fr. 50 centimes.

(Il doit le droit, quelle que soit sa contenance, et chargé ou non.)

Il est dû par un pêcheur venu pour vendre le produit de sa pêche. Décision du 17 germinal an 5.

On le doit, quoique pourvu d'un congé pour sa sûreté personnelle. Décision du 7 fructidor an 5.

Quand même le bâtiment ne porterait que des passagers. Décision du 3 nivose an 5.

Celui qui, après avoir déchargé sa cargaison dans un port, se rend dans un autre pour y prendre un chargement, doit, dans ce dernier port, un nouveau droit de tonnage. Décision du 11 ventose an 5.

Bâtimens exempts de ce droit.

Français, de 30 tonneaux et au-dessous, *art. 30.*

Français, même au-dessus de 30 tonneaux, venant de la pêche, de la course ou d'un port étranger, *art. 32.*

(Les premiers ne doivent avoir à bord que le produit de leur pêche ; les seconds, que les marchandises composant la cargaison du navire pris.)

Bâtiment navigant seulement dans l'intérieur des rivières, sans emprunt de la mer. (Cet emprunt donnerait ouverture au droit. *Décision du 11 fructidor an 5.*

Bâtiment de la marine nationale, et ceux français ou étrangers, frétés pour le compte de la République, *art. 3.*

(Ce sont ceux dont l'équipage est nourri et soldé par le gouvernement, et non ceux seulement affectés pour son service. Décision du 17 brumaire an 5.)

Bâtimens parlementaires à l'usage unique du Gouvernement, encore bien qu'à son retour, il prenne des marchandises ou des passagers. *Décision du 3 nivose an 5.*

(Le sauf-conduit délivré par un commissaire français, à Londres, à un bâtiment qui aurait transporté en France des prisonniers de guerre, ne donnant pas à ce bâtiment le caractère de parlementaire, ne l'exempte pas du droit. Lettre du ministre des finances à celui de la marine, du 2 floréal an 7.)

Bâtiment pris sur les ennemis de la République par les français ou par une nation alliée, est exempt, quand même il ne serait pas déclaré de bonne prise ; à moins que, dans ce dernier cas, le capitaine ne vendît tout ou partie de sa cargaison. *Décision des 9 vendémiaire an 6, et 6 ventose an 7.*

Bâtiment qui, forcé d'entrer dans un port et d'y décharger sa cargaison, est condamné, comme ne pouvant plus tenir la mer. *Décision du 7 brumaire an 6.*

Bâtiment échoué, dont le capitaine fait l'abandon, encore que la cargaison soit sauvée. *Décision du 7 frimaire an 3.*

Bâtiment trouvé abandonné, et appartenant en conséquence à la République comme épave de mer.

Bâtiment navigant sous l'escorte des vaisseaux de la nation, forcé par eux d'entrer dans un port autre que celui de sa destination, à moins qu'il n'y fasse quelque opération de commerce, ou n'y reçoive quelque réparation. *Décision du 9 vendémiaire an 5.*

Navire allié ou neutre *chargé* dans un port de France, forcé de rentrer dans ce port ou de relâcher dans un autre, pourvu qu'il n'y fasse point de déchargement, et n'y reçoive pas de réparations. *Décision du 27 fructidor an 4.*

(Cette exemption ayant pour objet unique de favoriser nos exportations, n'est point applicable à un bâtiment étranger sorti sur son lest.)

Bâtiment étranger, à destination pour France, qui, forcé de relâcher, ne fait aucune opération dans le port de relâche, et n'y reçoit aucune réparation, à la charge d'assurer sa destination.

Le droit de tonnage est dû à l'entrée de chaque port.

Le droit de tonnage est dû à l'entrée de chaque port, même dans les cas de relâche forcée. *Loi du 4 germinal an 2, titre 2, article 6.*

(On a vu quels étaient les cas d'exportation.)

Il est égal, quand même le bâtiment ne resterait pas vingt-quatre heures dans le port.

L'arrêté du 26 ventose, art. 4, y assujétit, en cas de relâche forcée, les navires dont la destination n'est pas pour un port de France, ceux qui chargent ou déchargent quelques marchandises, ou qui reçoivent quelques réparations.

Un bâtiment échoué, conduit dans un port pour y être radoubé, doit le droit.

Mais il n'est dû qu'un droit de tonnage sur un bâtiment dont la majeure partie du chargement consiste en comestibles, quoique le déchargement s'en fasse dans plusieurs ports, et que même après, ce navire aille sur son lest, dans un autre port, y prendre un chargement de retour.

Les eaux-de-vie, les oranges et le poisson ne peuvent être considérés comme comestibles. *Décision des 22 floréal an 6, et 16 thermidor an 7.*

Le droit de tonnage n'est exigible que vingt jours après l'arrivée du bâtiment. *Loi du 4 germinal an 2, tit. 3, art. 12.*

Mais il doit être acquitté avant le départ.

Droits d'expéditions, leur quotité.

(*Le bâtiment exempt du droit de tonnage, l'est aussi de ceux d'expédition. Décision du 23 pluviose an 2.*)

Cependant si un bâtiment parlementaire, exempt du droit de tonnage qui n'est dû qu'à l'entrée, chargeait en retour des marchandises ou des voyageurs, il devrait ceux d'expédition. Décision du 3 nivose an 5.

De même, un navire qui sort du port pour la première fois, doit, à sa sortie, les droits d'expédition.

	fr.	c.
Le droit d'expédition, d'entrée et de sortie d'un bâtiment étranger de 200 tonneaux et au-dessous, etc. *Article 35*	18	
Au-dessus de 200 tonneaux. *Même article.*	36	
Bâtiment français de 30 à 150 tonneaux; ce qui indique qu'il n'est rien dû jusqu'à 30 tonneaux inclusivement. *Article 36.*	2	
De 150 à 300. *Même article*	6	
Au-dessus de 300 tonneaux. *Même article.*	15	

Droits d'acquit, permis et certificat.

(*Il doit être perçu un droit particulier d'acquit pour chaque expédition. Décision du 17 floréal an 5.*)

Mais ce droit n'étant qu'accessoire, n'est dû qu'autant qu'il y a lieu au paiement d'un droit principal de navigation.

(*Le droit de permis est dû sur chaque déclaration de chargement ou de déchargement. Décision du 17 floréal an 6.*)

Mais il n'est délivré qu'un permis pour la même partie de marchandise, quelle que soit la durée de son chargement et déchargement.

Le droit est dû sur les bâtimens naviguans en rivière, dès qu'ils ont 30 tonneaux. Décision du 17 floréal an 5.

Les navires pécheurs y sont sujets, pour le déchargement du produit de leur pêche. Décision du 25 pluviose an 5.

Mais les habitans de l'île de Bréhat ne paient qu'un seul droit de permis pour les chargement et déchargement des objets qu'ils font venir de la terre ferme sur des barques de quatre à cinq tonneaux. Arrêté du 25 brumaire an 6.

Sont exempts du droit de permis les provisions de beurre et de tabac à l'usage des équipages, le mot cargaison ne pouvant être appliqué à cette partie d'approvisionnement maritime.

Les bâtimens pris sur l'ennemi, leur déchargement se faisant par autorité de justice.

Les navires sortant ou entrant sur leur lest.

	fr.	c.
Pour tout acquit, permis et certificat relatif à une cargaison étrangère, il est dû, article 37		1
Pour cargaison française. *Même article*		50

Navires neutres autorisés à faire le cabotage.

Il ne paient que les droits de navigation imposés sur bâtimens français. *Arrêté du 17 thermidor an 3.*

Cette faveur s'applique non-seulement au port où le bâtiment conduit le chargement pour lequel il a reçu une autorisation, mais encore au port où il va prendre ce chargement. *Décision du 22 pluviose an 7.*

Un navire neutre qui, ayant chargé dans un port de France pour un autre port de France, en vertu de permission des marchandises ou denrées qu'il a été forcé de porter à l'étranger, a perdu l'avantage de la francisation momentanée. Il doit la différence existante entre le droit qu'il a payé, et celui qu'il aurait acquitté sans son autorisation. *Lettre du ministre à des négocians de l'île de Rhé, du 8 floréal an 8.*

Navire neutre autorisé à aller aux Colonies.

Il doit être traité au retour comme bâtiment français. *Décision du 18 fructidor an 8.*

Navires français neutralisés.

Un navire français qui, en vertu de l'arrêté des comités de salut public, de commerce et de marine, du 5 pluviose an 3, a obtenu du ministre de la marine la permission de naviguer sous pavillon neutre, ne doit les droits de navigation que comme français, quoique les trois quarts de l'équipage ne le soient pas. *Décision du ministre, du 17 vendémiaire an 6.*

Le capitaine ne paie que le timbre des expéditions qu'il est tenu de prendre pour la qualité supposée de bâtiment étranger.

Droit de balance du commerce.

Pour assurer l'exactitude des tableaux d'importation et d'exportation, et subvenir aux frais de leur confection, il sera perçu 15 centimes par 100 francs de valeur sur les objets dont la sortie est permise, et qui ne sont pas assujétis à des droits ; et le même droit ou 25 centimes par 5 myriagammes, au choix du redevable, sur les productions étrangères qui jouissent d'une franchise absolue à l'entrée, les grains et bestiaux exceptés. *Loi du 24 nivose an 5, art. 2.*

(*Les grains destinés à être réexportés doivent ce droit, à raison du transit franc résultant de l'entrepôt permis par la loi du 17 novembre 1790 ; mais il n'est point exigible sur ceux déchargés des navires qui entrent, par relâche forcée, pour être reparés. Décision du 8 fructidor an 8.*)

Cette loi ne contenant pas d'exceptions, les piastres et marchandises qui jouissent d'un transit franc ou d'un entrepôt pour la réexportation, doivent le droit de 25 centimes par quintal, ou de 15 centimes par 100 francs de valeur. Ce droit est acquis par le seul fait de l'entrée de ces marchandises sur le territoire de la République. *Décision du ministre, du 7 frimaire an 6, relative à des marchandises venues de Hollande dans l'entrepôt de Louvain.*

(*Ainsi, les épiceries venant de Hollande pour l'Espagne, et les sucres et cafés expédiés de la république batave pour l'Helvétie, continuent de payer les droits indiqués au mot* transit.)

On doit percevoir le droit en délivrant l'acquit-à-caution pour la réexportation.

Il faut prévenir les redevables de l'option entre le droit de 25 centimes par quintal et celui des 3 sous par cent franc de valeur. *Décision du 3 pluviose an 7.*

On ne doit que le fixe pour l'entrée. *Décisions des 7 thermidor et 2ᵉ. complémentaire an 5.*

Les navires de prises doivent ce droit.

Il en est de même des marchandises de prises affranchies des droits du tarif, et qui sont retirées de l'entrepôt pour la consommation, et de celles admises au retour.

ENTREPÔT.

On nomme ainsi l'asyle donné à une marchandise, en attendant sa destination ultérieure.

Entrepôt suspendu.

L'article 6 de la loi du 7 septembre 1792, avait accordé une année d'entrepôt à Strasbourg aux marchandises jouissant du transit par les départemens de Haut et Bas-Rhin, de la Meuse et de la Moselle. Cet entrepôt n'a plus lieu depuis le décret du 24 juillet 1793, qui a suspendu ce transit.

Entrepôts existans.

Les marchandises du commerce français au Levant jouissent, dans le port d'arrivée, d'un entrepôt de 18 mois. *Loi du 11 nivose an 3. art. 3.*

Celles du commerce français au-delà du cap de Bonne-Espérance, d'un entrepôt de cinq années pour les toiles rayées ou à carreaux et les guinées bleues : et de deux années pour les autres marchandises. *Loi du 6 juillet 1791, art. 13.*

Les eaux-de-vie de genièvre et de raisins de Co-rinthe jouissent à Roscoff, Port-Malo, Cherbourg, Dieppe, Boulogne, Calais et Gravelines, d'un an d'entrepôt, pendant lequel ils peuvent être réexportés à l'étranger, en exemption de tous droits. *Loi du 19 octobre 1791.*

Les tabacs en feuilles peuvent être entreposés dans tous les ports pendant 18 mois, même passer, par continuation d'entrepôt, d'un port à un autre, et n'acquitter le droit que sur le poids effectif ; le tout à la charge que les magasins ne pourront être que sur les ports, et que les préposés des douanes auront une clef desdits magasins, qui seront choisis et fournis par les négocians, et à leurs frais. *Décret du 5 septembre 1792, art. 2.*

L'article 3 de la loi du 22 brumaire an 7, conserve ces entrepôts ; et l'article 4 rappelle que le droit doit être acquitté en retirant le tabac.

Les peaux d'agneaux et de chevaux en verd, venant d'Espagne, jouissent à Bayonne de six mois d'entrepôt, pendant lesquels elles peuvent être apprêtées, et ressortir pour l'étranger. *Arrêté du 17 floréal an 5.*

Entrepôts à Bruges, Gand, Louvain et Bruxelles.

Les bâtimens venant de l'étranger à la destination de Bruges, Gand, Louvain et Bruxelles, peuvent remonter et descendre les canaux qui communiquent à la mer et à l'Escaut par Ostende et Anvers, sans être obligés de décharger dans l'un de ces deux ports, toutes les fois qu'ils n'ont pas à bord des marchandises prohibées. *Arrêté du 3 messidor an 5, art. 1.*

(*Le bureau de Sas-de-Gand a été substitué à ceux d'Ostende et d'Anvers, pour ce qui est à la destination de l'entrepôt de Gand. Arrêté du 19 pluviose an 6.*)

Les capitaines, à leur passage à Ostende et Anvers, sont tenus de présenter à la douane le manifeste contenant la déclaration en détail des marchandises qui composent leurs cargaisons. *Art. 2.*

Cette formalité remplie, les écoutilles sont plombées, les bâtimens expédiés sous acquit-à-caution, et montés par deux employés des douanes qui les accompagnent jusqu'au lieu de la destination. *Art. 3.*

A l'arrivée des bâtimens dans le bassin de Bruges et autres ports d'entrepôt, les marchandises sont déchargées et mises en entrepôt, après la visite des préposés mis à bord, et de ceux du lieu de la destination. *Art. 5 et 6.*

Le terme de l'entrepôt ne peut excéder trois mois : passé ce délai, tous les objets qui se trouvent en entrepôts sont passibles des droits d'entrée. *Art. 7.*

(*On ne peut refuser le même entrepôt au port d'Anvers, pour lequel il a été demandé par le citoyen d'Herbonville, préfet des Deux-Nèthes, dont la constante sollicitude se porte sur tout ce qui peut tendre à la prospérité du commerce de ce département, sans nuire à l'intérêt général, ou donner lieu à des abus.*)

Entrepôts à Mayence et Cologne.

Les marchandises étrangères non prohibées, arrivant par le Rhin à Mayence et Cologne, peuvent y être entreposées dans des magasins particuliers, fermés à deux clefs, dont l'une reste entre les mains des préposés des douanes, et l'autre entre celles du commerce qui fournit et entretient lesdits magasins à ses frais. *Arrêté du directoire, du 9 prairial an 6, art. 1er*

La durée de l'entrepôt est de trois mois, pendant lesquels les marchandises entreposées peuvent être expédiées pour l'étranger par le Rhin, en exemption de droits. *Art. 2.*

Il a été établi à Cologne un magasin particulier pour les poissons secs, et le dépôt des huiles de poisson, à la charge, par les négocians, de faire faire à leurs frais les réparations nécessaires, d'en payer le loyer, et de verser par douzième, de mois en mois, à la caisse du receveur principal de la douane de Cologne, la somme de deux mille francs par an, pour les appointemens du contrôleur qui sera établi en cet entrepôt, et dont les magasins seront fermés à deux clefs; l'une desquelles sera entre les mains de l'employé de la régie, et l'autre en celles du préposé du commerce. *Décision du 8 vendémiaire an 9.*

Entrepôt des marchandises de prises.

(Voyez à *Prise*, page 30.)

TRANSIT.

On nomme ainsi le passage sur le territoire français d'une marchandise expédiée de l'étranger à l'étranger. Cette dénomination s'applique quelquefois, mais improprement, aux expéditions de France en France, par emprunt du territoire étranger.

Les marchandises passant de l'étranger à l'étranger par les départemens respectifs des Haut et Bas-Rhin, de la Meuse et de la Moselle, jouissaient, conformément à une loi du 7 septembre 1792, d'un transit qui a été suspendu par un décret du 24 juillet 1793.

Celles du commerce français au Levant ont conservé la faculté de ce transit. *Loi du 11 nivose an 3, article 3.*

Il est accordé aux marchandises non liquides provenant de prises. (*Voyez* page 30.)

Aux laines étrangères non filées. *Loi du 24 nivose an 5.* Aux marchandises non prohibées à l'entrée, venant de la république batave à destination de l'Helvétie, et reversiblement; aux sucres raffinés dans cette république, passant en Allemagne; aux épiceries expédiées de la république batave pour l'Espagne; aux cafés importés par les ports de la Manche; à quelques marchandises expédiées de l'Helvétie ou de l'Allemagne pour l'Italie, et reversiblement; aux piastres, etc. (Voyez les détails ci-après.)

Transit de la république batave pour l'Helvétie.

Les denrées et marchandises non prohibées à l'entrée, expédiées par terre, de la république batave pour l'Helvétie jouissent d'un libre transit (c'est-à-dire, en acquittant 15 centimes par 100 fr. de valeur, ou 25 centimes par quintal) à travers la France, à la charge d'entrer par l'un des bureaux de l'Ecluse, Saas-de-Gand, Weswezel, Anvers, et Turnhoult,

et de sortir par Bourg-Libre, Bourgfeld ou Pontarlier. *Arrêté des 27 thermidor an 3, 23 germinal an 4, et 3 germinal an 5.*

(*Les préposés de la douane de Pontarlier, qui n'est pas sur l'extrême frontière, doivent seulement reconnaître l'état extérieur des ballots, et viser les acquits-à-caution avec indication du bureau de Jougnes ou des Verrières, suivant la destination, pour les plombs y être coupés, la vérification faite, et les acquits déchargés.*)

Les cafés ne jouissent de ce transit, qu'à la charge d'arriver par Anvers, et de payer 50 centimes par myriagramme. *Loi du 9 floréal an 7, tit. 3, art 3.*

Les sucres raffinés dans les états de la république batave, doivent le même droit de transit de 50 cent. par myriagramme; être importés par Valery - sur-Somme, Boulogne, Calais, Dunkerque, Ostende, Saas-de-Gand et Anvers; et sortir par Bourg-Libre ou Pontarlier. *Même loi art. 1.*

Les mêmes sucres, expédiés par le Rhin, à la destination de l'Helvétie, devront le même droit, entrer par Strasbourg, et sortir par les bureaux ci - dessus désignés. *Art. 2.*

Transit des sucres raffinés dans la république batave, pour l'Allemagne.

Ces sucres jouissent du transit, en payant 50 cent. par myriagramme, et entrant par Valery - sur-Somme, Boulogne, Calais, Dunkerque, Ostende, Saas-de-Gand, Anvers, Cranembourg et Moock, et sortant par Neuss, Cologne et Mayence. *Loi du 9 floréal, tit. 3, art. 1.*

Transit de quelques épiceries de la république batave, pour l'Espagne.

Les thés, le poivre, la canelle, la muscade et le girofle, envoyés de Hollande en Espagne, peuvent transiter par la France, pendant la durée de la guerre actuelle, en payant 25 centimes par cent francs de valeur. *Arrêté du directoire exécutif, du 9 pluviose an 5, art. 1.*

Les importations sont restreintes par le seul bureau d'Anvers; et les exportations par celui de Jean-Pied-de-Port, par terre, ou Bayonne, par mer. *Art. 2.*

Les acquits devront énoncer les quantités, qualités et valeurs des marchandises. *Art. 3.*

Transit des cafés des ports de la Manche pour l'Helvétie.

Les cafés étrangers arrivant dans les ports de la Manche, à la destination de l'Helvétie, jouissent du transit, à la charge de payer 50 centimes par myriagramme, et de sortir par Bourg-Libre ou Portarlier. *Loi du 9 floréal, tit. 3, art. 3.*

Cette disposition est évidemment applicable à des cafés provenant d'échouement.

Transit de l'Helvétie pour la Batavie.

Le transit franc de l'Helvétie pour la république batave, a été accordé pour les marchandises dont

l'entrée

l'entrée n'était pas prohibée, à la charge de l'importation par Bourg-Libre et Bourgfeld, et de la sortie par l'Écluse, Westwezel, Anvers et Turnhoult. *Arrêtés des 2 thermidor an 3, et 23 germinal an 4.*

Pour l'Italie.

Le même transit a lieu pour les marchandises non prohibées à l'entrée ou à la sortie, expédiées de l'Helvétie pour l'Italie, par le département du Mont-Blanc, à la charge d'entrer par le bureau de Genève, de sortir par celui de Lans-le-Bourg, et de payer un franc par cinq myriagrammes. *Arrêté du 19 fructidor an 6.*

(*Le bureau de Versoix étant sur les limites de la Suisse, on le préfère à celui de Genève.*)

Transit de l'Helvétie en Helvétie, par le ci-devant Mont-Terrible.

Le transit de l'étranger à l'étranger, accordé par le décret du 7 juillet 1792, aux départemens du Rhin, de la Meuse et de la Moselle, a été étendu, aux mêmes conditions, au département du Mont-Terrible. *Décret du 26 mai 1793.*

Les pays d'Erguel et de Moutier-Grandval ayant été réunis au département du Mont-Terrible, jouissent de ce transit. *Arrêté du 19 thermidor an 6, art. 1.*

Les formalités doivent être remplies dans les bureaux de Reynach, Brislach, Cremines, Bienne et la Cibourg, substitué à Renans. *Art. 2.*

Le bureau de Perle y est ajouté. *Arrêté du 25 fructidor de la même année.*

Les acquits-à-caution ne pourront être déchargés que dans les bureaux désignés par ces expéditions pour le passage à l'étranger. *Art. 3.*

Transit de l'Helvétie pour l'Allemagne, et reversiblement.

Les marchandises non prohibées à l'entrée, venant de l'Helvétie à la destination des pays neutres et amis, situés en Allemagne, peuvent transiter sur territoire français, en entrant par Boug-Libre et sortant par Mayence, avec passe-port du général en chef, ou de son délégué. *Lettre du ministre, du 22 floréal an 7.*

(*Cette décision désignait Oppenheim pour la sortie. La position des armées ennemies y a fait substituer Mayence.*)

Le transit de Francfort pour l'Helvétie, par Mayence et Bourg-Libre, a été accordé. *Lettre du ministre, du 16 vendémiaire an 8.*

Transit de l'Italie pour l'Allemagne ou l'Helvétie.

Toute marchandise non prohibée à l'entrée ou à la sortie, expédiée de l'Italie pour l'Allemagne ou l'Helvétie, peut transiter par le département du Mont-Blanc, en payant un franc par cinq myriagrammes, et à la charge de passer par les bureaux de Lans-le-Bourg et Genève (ou Versoix.) *Arrêté du 19 fructidor an 6.*

Transit de l'Allemagne pour l'Italie.

Toute marchandise non prohibée à l'entrée ou à la sortie, expédiée d'Allemagne pour l'Italie, peut transiter par le département du Mont-Blanc, en payant un franc par cinq myriagrammes, et à la charge de passer par les bureaux de Genève (ou Versoix) et de Lans-le-Bourg. *Arrêté du 19 fructidor an 6.*

Transit des piastres.

Les lois des 19 thermidor an 4 et 24 nivose an 5, ont maintenu la prohibition d'exportation sur les espèces d'or et d'argent au type étranger; mais un arrêté du 18 frimaire an 5, a accordé le transit aux piastres destinées par le gouvernement espagnol au paiement des dépenses de ses ambassadeurs et autres, dans les pays au nord de la France.

Cette faveur, étendue, le 27 du même mois, aux envois particuliers, suspendue par lettre du ministre, du 19 brumaire an 7, a été rétablie par celle du 4 frimaire, même année, aux conditions suivantes:

L'expédition doit être faite sous plomb, et par acquit-à-caution énonçant la quantité et le poids des piastres, et l'obligation de les présenter au dernier bureau de sortie, dans le délai de six décades, avec le *visa* du ministre des finances, et celui de l'un des administrateurs des douanes.

Ce *visa* n'est accordé qu'aux personnes chargées d'un service public, ou qui alimentent la fabrication de la monnaie de Perpignan.

Transit ou péage sur le Rhin.

La perception du droit de transit, qui avait lieu dans des bureaux placés sur la rive gauche du Rhin, avant l'arrêté pris, le 12 brumaire an 7, par le commissaire Rudler, est rétablie pour le tiers des sommes portées aux tarifs qui étaient en vigueur à l'époque de la conquête. *Arrêté des consuls, du 14 thermidor an 8, art. 2.*

Le produit dudit droit de transit est spécialement et limitativement affecté aux réparations des digues, chemins de hallage, et autres travaux de navigation sur la rive gauche du Rhin. *Art. 3.*

La perception de ce droit sera faite par les préposés des douanes dans les lieux où étaient anciennement établis les bureaux, ou dans tous autres lieux qui seront désignés par le ministre. *Art. 4.*

(*Cet arrêté ne parle que du ministre de la justice, qui avait alors dans son département tout ce qui concernait les pays conquis; mais, d'après l'art. 2 de l'arrêté du 22 fructidor dernier, le ministre des finances doit y être chargé de tout ce qui concerne les impositions.*)

La régie des douanes comptera par bordereaux séparés du produit de la recette dudit droit; elle transmettra copie de ces bordereaux au ministre et au commissaire des quatre départemens réunis. *Art. 5.*

Il sera alloué à la régie des douanes une remise sur les recettes, laquelle sera réglée par le ministre. *Art. 6.*

F

Marchandises réputées anglaises, quelle qu'en soit l'origine, conformément à l'art. 5 de la loi du 10 brumaire au 5.

Acier et airain ouvrés. (Voyez Ouvrages.)

Basins. — Bonneterie de toute espèce, de coton ou de laine, unie ou mélangée. — Boutons de toute espèce.

Chapeaux anglais. — Coton filé. — Coutellerie. — Crystaux. — Cuirs tannés, corroyés ou apprêtés, ouvrés ou non ouvrés.

(*Les chapeaux de paille, de tout autre pays que d'Angleterre, sont admissibles avec certificat d'origine* Décision du 2 me sidor an 5.)

(*Ceux du commerce français au Levant y sont compris.* Lettre du ministre des finances à celui de l'intérieur, du 7 frimaire an 6.)

Draps de laine, de coton et de poil, ou mélangé de ces matières.

Etoffes de laine, de coton et de poil, ou mélangées de ces matières.

(*On peut d'autant moins étendre cette défense aux couvertures de laine, que la loi du 3 frimaire établit, à leur égard, les droits du tarif du 15 mars 1-9*.)

Les étoffes de fil et coton du duché de Berg sont exceptées de la prohibition, par l'article 2 de la loi du 19 pluviose an 5.

Faïance ou poterie connue sous la dénomination de terre de pipe ou grès d'Angleterre.

Gazes anglaises.

Harnais et tous autres objets de sellerie. — Horlogerie.

(*La prohibition n'affecte ceux à l'usage des voyageurs, qu'autant qu'ils sont neufs et qu'il y a forte présomption de fraude, par l'état des voyageurs.* Lettre au directeur à Boulogne, du 13 nivose an 5.)

Laines filées.

(*On ne peut comprendre sous cette dénomination, les paines ou pennes de laine qui sont essentiellement matière première, puisqu'elles doivent être réduites à l'état primitif de laine pour être employées dans les fabriques.* Lettre au directeur à Ruremonde, du 13 pluviose an 5.)

Mousselinettes.

Nankinettes.

Ouvrages de peaux, consistant en gants, culottes et gilets. — Ouvrages en fer, acier, étain, cuivre, airain, fonte, tôle. — Ouvrages en fer-blanc ou autres métaux polis ou non polis, purs ou mélangés.

(*Pour les exceptions, voyez les observations, page 2.*)

Les cuivres en planches, fonds et barres, n'étant en quelque sorte qu'une matière première, utile à nos manufactures, l'admission n'en est pas défendue. Décision du 22 thermidor an 5.

Il n'en est pas de même des cloches, qui sont des ouvrages en métaux de la nature de ceux désignés. Décision du 27 ventose an 5.

(*Cette prohibition ne peut atteindre les traits argentés ou dorés, espèce de matière première, propre à la fabrication des galons dont il se fait un commerce assez con-sidérable avec l'Espagne, l'Italie, etc.* Décision du 17 pluviose an 5.)

Peaux pour gants, culottes ou gilets. — Piqués de toute sortes. — Plaqué de toute sorte. — Poil filé.

(*On ne peut comprendre, sous cette dénomination, le poil de chèvre filé, mais seulement les ouvrages qui en sont fabriqués.* Lettre du ministre, du 2 nivose an 5.)

Quincaillerie fine.

Rubans anglais.

Schalls anglais.

Tabletterie. — Tapis dits anglais.

Velours de coton. — Verrerie, autre que les verres servant à la lunetterie et à l'horlogerie. — Voitures montées ou non montées.

(*Les bouteilles ne peuvent être exceptées, sous prétexte qu'on veut les remplir de vin destiné pour l'étranger. En faisant usage de ces bouteilles sur le territoire français, on éluderait les dispositions de la loi qui a voulu favoriser les verreries nationales.* Décision du 22 germinal an 5, et lettre du ministre des finances à celui de l'intérieur, du 2 messidor an 5.)

(*La prohibition n'affecte celles à l'usage des voyageurs, qu'autant qu'elles sont neuves, et qu'il y a forte présomption de fraude par l'état apparent des voyageurs.* Lettre au directeur à Boulogne, du 13 nivose an 5.)

L'importation de toutes ces marchandises est prohibée. *Même loi, art.* 1.

Tout bâtiment qui entrera dans un port de la République, sous tel prétexte que ce soit, chargé en tout ou partie de ces marchandises, sera saisi sur le-champ, sauf l'application de la loi du 23 brumaire an 3. *Art.* 2.

Sont exceptés les bâtimens au-dessus de cent tonneaux, dont la nécessité de la relâche sera constatée; dans ce cas, le capitaine est tenu de remettre, aussitôt son arrivée, aux préposés, le manifeste indicatif des quantités, qualités et valeur des marchandises provenant des fabriques ou du commerce anglais qu'il aura à son bord. *Art.* 3.

Droit additionnel de 10 centimes par franc.

Une loi du 6 prairial an 7, ordonne, article 1.er, la perception, au profit de la République, à titre de subvention extraordinaire de guerre pour l'an 7, d'un décime par franc sur les droits de douane à l'importation, l'exportation et la navigation.

Cette subvention sera perçue en même temps que le principal, et par les même préposes; il en sera compté par un article séparé.

La loi du 21 ventose an 9 ayant prorogé pour l'an 10 les contributions indirectes établies pour l'an 9, le décime par franc additionnel aux droits de douane et de navigation qui comprennent celui de balance du commerce, doit continuer à être perçu.

Timbre des expéditions et des pétitions ou mémoires.

Le prix du timbre de chaque expédition de douane

doit être remboursé. *Loi du 22 août 1791, tit. 1er., art. 7.*

Ainsi, le timbre des acquits de paiment, délivrés pour des droits excédant 10 francs en principal, doit être payé par le redevable, en sus ces droits de douane ou de navigation, attendu que l'article 16 de la loi du 13 brumaire an 7, portant fixation des droit de timbre, n'excepte que les quittances de 10 francs et au-dessous.

L'expéditeur doit également le timbre des acquits-à-caution et des passavans, la loi portant qu'il n'y aura d'exceptions que celles qu'elle exprimera nommément; et l'article 16, qui désigne les actes non soumis à la formalité du timbre, ne comprenant pas ceux-ci.

Par le même principe, on doit faire timbrer les actes de francisation, congés et passe-ports.

Le droit de timbre de ces diverses expéditions est soumis à la subvention d'un décime par franc, et le fort denier est au profit du trésor public. *Décision du ministre, du 2 messidor an 7.*

Les pétitions et mémoires, même en forme de lettres, qui sont adressés à l'administration des douanes par d'autres que ses employés, ou par des particuliers qui ne sont pas fonctionnaires, doivent être timbrés. *Art. 12.*

Il en est de même de ceux qu'on adresse à ses directeurs dans les départemens.

Les pétitions et mémoires qui ne sont pas timbrés, restent sans réponse.

Le prix du timbre est fixé d'après la dimention du papier sur lequel il est apposé, ainsi qu'il suit: *Art. 8.*

	fr.	c.
La feuille de grand registre paie..........	1	50
Celle de grand papier................	1	
Celle de moyen papier...............		75
Celle de petit papier................		50
Et la demi-feuille de ce petit papier.....		25

Il n'y a point de droit de timbre supérieur à 1 fr. 50 cent., ni inférieur à 25 cent., quelle que soit la dimension du papier, soit au-dessus de grand registre, soit au-dessous de la demi-feuille de petit papier. *Même article.*

ETAT des bureaux de perception des droits de douane et de navigation.

Nota. *Les bureaux principaux sont distingués par leur impression en caractères petites majuscules.*

DIRECTION DE BAYONNE.

Cierp, Fos, Bagnères-de-Luchon, Ludenvielle, Vielle, Arreau. — Lus-en-Barrèges, Gèdre, Cauterez, Arrens. — Bedous, Larruns, Urdos, Arrète, Licq, Larreau. — Saint-Jean-Pied-de-Port, Saint-Michel, Lecumbery, Roqueloux, Arnéguy, Lasse, Baigorry, les Aldudes. — Saint-Jean-de-Luz, Spelette, Itzatzu, Ainhoa, Sare, Olhette, Béhobie, Andaye. — Bayonne.

DIRECTION DE BORDEAUX.

Bordeaux, la Tête-de-Buch, Pauillac. — Libourne, Boarg. — Blaye, Mortagne, Royan.

DIRECTION DE LA ROCHELLE.

Marennes, la Tremblade, Chatresac, Riberon, le Gua. — Rochefort, Charente. — La Rochelle, la Repentie. — Marans, Saint-Michel, Moricq, Latranche. — Chatra-d'Oleron, Saint-Pierre-d'Oleron, Saint-Denis. — Saint-Martin-Ile-de-Ré, La Flotte, Loix, Ars. — Sables d'Olonne, Croix-de-Vicq.

DIRECTION DE NANTES.

Noirmoutiers, Barre-de-Mont, Beauvoir. — Paimbœuf, Bonin, Bourgneuf, Pornic. — Nantes, Pellerin, Couéron — Le Croisic, Méans, Port-Nazaire, Pouliguen, Mesquer.

DIRECTION DE L'ORIENT.

Vannes, Redon, Roche-Sauveur, Vielle-Roche, Biliers, Penerf, Sarzeau, Port-Navalo, Auray, Lomariaquer, la Trinité, Quiberon, Belle-Isle en mer, Intel. — L'Orient, Hennebond, Port-Liberté. — Quimper, Quimperlé, Pontavenne, Concarneau, la Forest, Renaudet, Pont-l'Abbé, Audierne, Douarnenez, Port Launay.

DIRECTION DE BREST.

Brest, Camaret, le Faon, Plougastel, Landerneau, le Conquet, l'Aberildut. — Morlaix, Argenton, Kersaint, Abreverach, Pontusval, Kinic, Saint-Pol-de-Léon, Roscoff, Toulanhery ou Loquierec, Lannion, Perros, Treguier, Lezardrieux, Pontrieux.

DIRECTION DE PORT-MALO.

Le Légué, Bréhat, Paimpol, Portrieux, Binic, d'houet, Erquy. — Port-Malo, Port-à-la-Duc, Saint-Cast, Leguildo, Port-Briac, Saint-Servan, Cancalle, Levivier, Quatre-Salines.

DIRECTION DE CHERBOURG.

Granville, Courtils, Saint-Léonard, Regneville. — Cherbourg, Port-Bail, Carteret, Dilette, Omonville, Barfleur, la Hougue, Quineville, Carentan. — Caen, Isigny, Port-en-Bessin, Courseules, Sallenelles, Dives

DIRECTION DE ROUEN.

Honfleur, le Quay-au-Cocq, Touques, Saint-

Sauveur, Saint-Samson, Quillebœuf. — ROUEN, Aisier, Port-Jumièges, Labouille, Dieppedale, Duclair, Caudebec. — LE HAVRE, Tancarville, Saint-Jacques, Harfleur, Etretat, Fécamp.

DIRECTION DE VALERY-SUR-SOMME

A ABBEVILLE.

DIEPPE, Valery-en-Caux, Tréport. — VALERY-SUR-SOMME, Abbeville, le Crotoy.

DIRECTION DE BOULOGNE.

ETAPLES, Berk. — BOULOGNE. — CALAIS.

DIRECTION DE DUNKERQUE.

DUNKERQUE, Gravelines. — OSTENDE, Nieuport, Slyckens, Blankemberg, l'Ecluse, Ardembourg. — BRUGES. Douane intérieure d'entrepôt.

DIRECTION D'ANVERS.

SAAS-DE-GAND, Cassandria, Breskens, Hoofsplaat, Biervliet, Philippines. — HULST, Axel, Ter-Neuse, Zaamslag, Welzoord, Kildrecht, Doel. — ANVERS, Lillo. — WESTWEZEL, Sandvliet, Putte, Achterbroeck, Meersel. — TURNHOULT, Hoogstraaten, Bar, Poppel, Arendonck, Deschel, Baelen. — GAND. Douane intérieure d'entrepôt. — BRUXELLES, *idem*. — LOUVAIN, *idem*.

DIRECTION DE CLÈVES.

WEERT, Kerkoven, Holvenne, Neerpelt, Achel, Hamont, Loussen, Hussoven, Nederweert, Heppen, Hectel, Kleinbruggel, Kautille, Brée, Stamproy. — VANRAYE, Meyel, Helden, Brey, Horst, Meersel, Gesteren, Roggel, Kessel-sur-Meuse, Baerlo, Blerick, Brockhuysen, Mierle. — CRANEMBOURG, Well, Berghen, Afferden, Heyden, Gennep, Mook, Graasveg, Zephelick, Kekerdom, Weze, Goch. — CLÈVES, Nutterden, Niel, Bimem, Griethuysen, Hurindick, Griet, Neermorinter, Vinem, Beck, Calcar, Sonsbeck, Santen. — MŒURS, Genderick, Burick, Waleck, Rhinberg, Orsoy, Baal, Homberg, Essemberg, Emmerick, Alpen, Campersbroock, Capellen.

DIRECTION DE COLOGNE.

NEUSS, Urdingen, Langst, Herds, Obercassel, Gremenikeuse, Storstelberg, Zons, Dormagen, Crevelt, Kaart, Geleen, Hulikrath, Nivenheim. — COLOGNE, Worringen, Rhincassel, Neel, Suird, Wesling, Poulheim, Hermulheim, Bralh. — BONN, Weyden, Freschem, Hersel, Godersberg, Milhem, Oberwinter, Remagen, Sinzig, Bornheim, Duisdorff, Heymerscheim. — COBLENTZ, Andernach, Oefferick, Weissenthurn, Erms, Saint-Sebastien, Capelle, Varscheim, Brissich, Krufft, Mozelle-Veis.

DIRECTION DE MAYENCE.

SAINT-GOAR, Niederspey, Boppart, Salzig,

Oberwesel, Bacharach. — BINGEN, Heimbach, Kempten, Gaulsheim, Weinheim, Ingelheim, Haydesheim, Budenheim. — MAYENCE, Weisenau, Bodenheim. — WORMS, Niersteim, Oppenheim, Guntersblum, Gimsheim, Eich, Hamm, Rheinturckheim, Bobenheim, Franckenthal. — SPIRE, Ogersheim, Friesenheim, Mundenheim, Rheingenheim, Neuhoffen, Otterstadt, Berghausen, Schweckenheim, Mechtersheim, Lingenfeld.

DIRECTION DE STRASBOURG.

LAUTERBOURG, Guermersheim, Belheim, Hert, Leimersheim, Candel, Woerth, Hagenbach, Neubourg, Munckhausen, Niderroderen, Seltz, Beinheim. — STRASBOURG, Fort-Vauban, Sufflenheim, Drusenheim, Bischweiller, Offendorf, Hoerdt, Wantzenau, Pont-du-Rhin, Lingolsheim. — L'ILE-DE-PAILLE, Krafft, Rhinau, Herbsheim, Schœnau, Schuellenbuhl, Marckolsheim, Artzheim, Andolsheim, Hirtzfelden, Schalampé, Habsheim. — BOURG-LIBRE, Petit-Landau, Huningue, Bourgfeld, Ranspach, Folgensbourg, Hegenheim, Alswiller, Oberwiller, Reinach, Arlsheim. — DELÉMONT, Prislach, Lauffon, Montceviliers, Merviliers, Vermes, Cremines, Mouttier-Granval, Court.

DIRECTION DE BESANÇON.

BIENNE, Perle, la Cibourg, Sonceboz, Courtelary, la Neuve-Ville, Renans, Pontains, Lesbois. — MONTEAU, Blancheroche, le Villers, les Sarrasins, Russey, Noël-Cerneux, les Gras. — PONTARLIER, les Allemands, Verrières-de-Joux, les Fourgs, Jougnes, Roche-Jean, Mouthe, Chaux-Neuve, Mont-des-Lacs. — MOREY, Foncines, Combe-Froide, Boisdamont, la Cure, la Darbella, Haut-Crez.

DIRECTION DE GENÈVE.

VERSOIX, Mijoux, Gex, Crassier, Sauverny, Fernex. — GENÈVE, Vezenas, Bellerive, Hermance. — THONON, Nernier, Coudray, Amphion, Evian, la Tourronde, Milleray, Saint-Gingolph. — SAMOENS, Abondance, Châtel, Morzines, Valorzines, Argentières. — BOURG-MAURICE, Saint-Germain, Laval, Laval-Tigne, Sainte-Foy. — LANS-LE-BOURG, Bessans, Lans-le-Villars, Bramant, Modane, Valmeinier, Valloire.

INSPECTION DE BRIANÇON.

BRIANÇON, Roubion, Planpinet, Montgenèvre, Cervières, Abries, la Monta, Fontgillarde, Saint-Verand, Seillac. — BARCELONETTE, Maurin, Saint-Paul, Meyrone, l'Arche, Mianne, Jauzier, Fours, Saint-Etienne, Isola ; Saint-Martin de-Lantosque.

DIRECTION DE NICE.

NICE, Tende, la Brigue, Breuil, Sospello, Pigne, Dolce-Aqua, Perinaldo, Garavan, Menton,

Monaco, Villefranche. — Antibes, Cros-de-Cagne, Golfe-Juan, Cannes, Isle-Marguerite, Théoule ou la Napoule.

DIRECTION DE TOULON.

Saint-Tropès, Agayes, Saint-Rapheau, Sainte-Maxime, Cavalaire. — Toulon, Léoubes, les Salins-d'Hières, la Seyne, Sanary, Bandol.

DIRECTION DE MARSEILLE.

Marseille. — La Ciotat, les Lecques, Cassis. — Martigues, Méjan, Port-de-Bouc. — Arles, Lamer.

DIRECTION DE CETTE.

Cette, Sylveréal, Aigues-Mortes. — Agde.

DIRECTION DE PORT-LA-VICTOIRE

A PERPIGNAN.

La Nouvelle. — Port-la-Victoire, Saint-Laurent-de-la-Salanque, Canet, Colioure, Bagnols. — Ceret, Laroque, Perthus, le Boulou, Arles, Saint Laurent-de-Cerda, Prats-de-Mollo, Sahore.

DIRECTION D'AX.

Saillagousse, la Cabanasse, Estavar, Palau, Hix, Carols. — Ax, Merens, Aston, Siguer, Ausat. — Seix, Conflens, Castillon, Saint-Lary, Bonnac, Uston, Aulus.

Paris. Douane d'expédition pour la sortie.

ARRÊTÉS relatifs aux douanes, publiés dans le cours des années 9 et 10.

ARRÊTÉ qui suspend toute exportation à l'étranger, de beurres et de chairs salés.

Du 5 Frimaire an 9.   (N°. 1259.)

Les Consuls de la République, sur le rapport qui leur a été fait par le ministre des finances, des exportations considérables de beurres et de chairs salés, qui s'opèrent dans différens ports,

Arrêtent:

Toute exportation à l'étranger, de beurres et chairs salés, est suspendue, jusqu'à ce qu'il en ait été autrement ordonné.

Le ministre des finances est chargé de l'exécution du présent arrêté, qui sera imprimé au Bulletin des lois.

ARRETÉ qui prohibe la sortie du houblon.

Du 9 Frimaire an 9.   (N°. 1265.)

Les Consuls de la République, sur le rapport du ministre de l'intérieur, le Conseil d'Etat entendu,

Arrêtent:

Art. Ier. La sortie du houblon est prohibée, jusqu'à ce qu'il en ait été autrement ordonné.

II. Les ministres des finances et de l'intérieur sont chargés de l'exécution du présent arrêté, qui sera imprimé au Bulletin des lois.

ARRETÉ qui prohibe l'importation des chevaux anglais en France.

Du 13 Thermidor an 9.   (N°. 1389.)

Les Consuls de la République, sur le rapport du ministre de l'intérieur,

Arrêtent:

Art. Ier. L'importation en France des chevaux anglais est défendue.

II. Les contrevenans seront punis des peines portées en l'article XV de la loi du 10 brumaire an 5, concernant l'introduction des productions anglaises.

III. Le ministre de l'intérieur est chargé de l'exécution du présent arrêté, qui sera inséré au Bulletin des lois.

ARRETÉ qui ordonne de confisquer comme marchandises anglaises, les basins piqués, mousseli-nettes, toiles, draps et velours de coton, qui ne porteront pas la marque du fabricant et l'estampille nationale.

Du 3 Fructidor an 9.   (N°. 1394.)

Les Consuls de la République, voulant assurer l'exécution de la loi du 10 brumaire an 5, portant prohibition des marchandises anglaises ; sur le rapport du ministre de l'intérieur.

ARRÊTENT :

ART. I.er A compter du premier vendémiaire prochain, les basins, piqués, mousselinettes, toiles, draps et velours de coton, qui ne porteront pas la marque du fabricant et de l'estampille nationale, avec le numéro, seront censés provenir de fabrique anglaise, et seront confisqués conformément à la loi du 10 brumaire an 5.

II. Le Gouvernement fera parvenir de suite à chaque préfet, et en nombre suffisant, deux sortes d'estampilles, l'une pour marquer les étoffes existantes dans les magasins, l'autre pour être apposée sur celles qui sont en fabrication.

III. Chaque préfet nommera un commissaire par chaque ville principale, qui estampera, sans frais, toutes les étoffes existantes dans les magasins.

Il en désignera pareillement dans toutes les villes de fabrique, pour estamper les étoffes sortant du métier, et avant l'apprêt et le blanchissage.

Ces marques seront faites à la rouille, d'après le procédé qui sera prescrit, et apposées aux deux bouts de chaque pièce.

Il sera tenu registre du nombre des pièces marquées, et du nom du fabricant : le registre sera déposé à la municipalité, et paraphé par le maire.

IV. Après le premier vendémiaire, les pièces saisies sans marque, ou avec une marque fausse, seront confisquées conformément à la loi du 10 brumaire an 5, et livrées au Gouvernement, pour la vente en être faite à l'étranger, et le prix distribué aux saisissans, en vertu de la même loi.

Moitié du prix, d'après la valeur présumée, sera payée de suite par le Gouvernement.

Les ministres de l'intérieur et des finances sont chargés, chacun en ce qui le concerne, de l'exécution du présent arrêté, qui sera inséré au Bulletin des lois.

ARRÊTÉ relatif aux déclarations et soumissions à fournir dans les bureaux des douanes, par les propriétaires, consignataires ou conducteurs de marchandises.

Du 14 Fructidor an 9.   (N°. 1404.)

LES CONSULS DE LA RÉPUBLIQUE, sur le rapport du ministre des finances, tendant à appliquer à la perception des droits de douane le systême décimal des poids et mesures, qui doit être mis en usage au premier vendémiaire prochain ; le Conseil d'Etat entendu,

ARRÊTENT :

ART. 1er. A compter du premier vendémiaire an 10, les propriétaires, consignataires ou conducteurs de marchandises, se conformeront, pour les déclarations et soumissions qu'ils auront à fournir dans les bureaux de douanes et les préposés visiteurs, liquidateurs et receveurs desdits droits, pour la perception, à la loi du premier vendémiaire an 4.

II. Attendu la différence qui résulterait dans les recettes, de l'excédant des nouveaux poids sur les anciens, la perception des droits fixés au quintal, sera augmentée de deux pour cent par chaque poids de cinq myriagrammes.

III. Le ministre des finances est chargé de l'exécution du présent, qui sera inséré au Bulletin des lois.

ARRÊTÉ qui prolonge le délai d'entrepôt des marchandises étrangères non prohibées, arrivant par le Rhin à Mayence, Cologne et Coblentz.

Du 23 Frimaire an 10.   (N°. 1460.)

LES CONSULS DE LA RÉPUBLIQUE, sur le rapport du ministre des finances ; le Conseil d'Etat entendu,

ARRÊTENT :

ART. 1er. Le délai de l'entrepôt de trois mois, accordé par l'arrêté du 9 prairial an 6, aux marchandises étrangères, autres que celles dont l'entrée est prohibée, arrivant par le Rhin à Mayence, Cologne et Coblentz, sera à l'avenir de six mois.

II. Les formalités prescrites par ledit arrêté du 9 prairial an 6, pour ledit entrepôt, continueront d'être exécutées.

III. Le ministre des finances est chargé de l'exécution du présent arrêté, qui sera inséré au Bulletin des lois.